スピード
マスター

1時間でわかる

やれば得する!
保険の見直し

100の鉄則

竹下さくら
Sakura Takeshita

技術評論社

はじめに

“前向きな見直し”は暮らしのゆとりを生む

人生は「見直し」にあふれています。

たとえば、ＦＰ（ファイナンシャルプランナー）の事務所では「お金のよろず相談」を受けていますが、「給与体系や待遇を見直されて減収」「こづかいを見直されて苦しい」「夫婦関係を見直したい」「家計や住宅ローンを見直したい」といった相談ごとが日々繰り広げられています。

そんな中で感じているのは、「前向きな見直し」は暮らしのゆとりを生むという事実です。保険の見直しも、またしかり。ほんの些細なことでも取り組んでみれば、思ったより成果が上がるということはよくあります。

ただ、「見直しがよいことなのはわかるけど、保険って難しいよね」という声はよく耳にします。確かに、保険に関わって早や31年。これまで保険のことを簡単だという人に出会ったことがありません。生命保険会社出身の人も「損害保険って難しいよね」とよくいっていますし、保険業界の人ではない一般消費者であればなおさらです。つまり、保険はもともと難しいのです。
　自分だけでなく、世の中の大半が難しいと感じているもの――それが保険です。

　とはいえ、保険に関わっている立場からいえば、「難しいから」「面倒だから」と保険の見直しに手を付けずにいることは、実にもったいない！　保険に入ってから見直しをせずにいることは、埋蔵金に気付かないようなものに思えます。
「いつ見直したらいいのかわからない」という人もいるかもしれませんね。実は保険の見直しには勢いが必要なので、思い立ったが吉日。保険の見直しに興味がわいた今、まずは、できることから見直しを始めてみるのがおすすめです。本書が、その一助となれば幸いです。

　最後に、この本の出版の機会をくださり、的確なアドバイスをいただいた技術評論社の春原正彦さんとループスプロダクションの出口夢々さんに、この場を借りて心から御礼申し上げます。

2020年７月
竹下さくら

contents

はじめに 2

1章 損しない「保険の見直し」10のポイント

01 家計の見直しは固定費から手を付けると効果的 12
02 家計を圧迫しない保険料の目安を知ろう 14
03 まとめ払いにするだけで保険料は安くなる 16
04 同じ保障内容でも保険会社で保険料が変わる 18
05 見直しの相談相手には向き・不向きがある 20
06 解約タイミングには細心の注意が必要！ 22
07 残しておくべきお宝保険とは？ 24
08 健康なときに保険を見直すのが鉄則 26
09 新型コロナウイルスなど突発的な危機での見直し方 28
10 保険を見直す３つのベストタイミング 30

2章 「生命保険」見直しのコツとポイント

11 そもそも生命保険が必要か否か再確認しよう 32
12 必要保障額はどうやって算出する？ 34
13 生命保険の旬は収入保障保険 36
14 定期保険特約付終身保険の保険証券の見方 38
15 養老保険の保険証券の見方 40
16 定期保険の保険証券の見方 42
17 収入保障保険の保険証券の見方 44
18 低解約返戻金型終身保険の保険証券の見方 46
19 契約内容一覧をつくってみよう（生命保険） 48
20 グラフ化でわかる保険の加入状況 50
21 保障を残したまま保険料の支払いを止める 52
22 定期付終身保険は融通が利きづらい 54
23 定期保険は年々減額してよい 56
24 収入保障保険は"いつかやめる"のが得策 58
25 家を買ったときは生命保険を減額する 60
26 収入合算で住宅ローンを組んだら増額する 61
27 会社の団体保険は保険料が安くなる 62

28 夫の団体保険に妻が入ると損をする 63
29 終身保険、養老保険をやめるなら即解約が鉄則 64
30 終身保険より定期保険や少額短期保険を利用する 65
生命保険 Q&A 31～37 66

3章 「医療保険」「がん保険」見直しのコツとポイント

38 そもそも医療保険が必要か否か再確認しよう 70
39 医療保険は日額給付5000円で十分 72
40 がん保険は一時金が充実したプランがお得 74
41 2000年以前加入の医療・がん保険は見直し必須 76
42 不要なプランに気付く保険証券の見方(医療保険) 78
43 不要なプランに気付く保険証券の見方(がん保険) 80
44 契約内容一覧をつくってみよう(医療保険) 82
45 契約内容一覧をつくってみよう(がん保険) 84
46 三大疾病の定義を幅広くした保険もある 86
47 先進医療特約は給付の付いたタイプが有利 88
48 1日の入院で5日分給付される保険がある 90
49 健康保険適用外の治療も保険でカバーできる 92
50 がん診断一時金は"複数回"受け取れるプランが安心 93

51 従来の保険には長期入院に有利なプランもある 94
52 疾病保障付団信に入るとがん保険は不要になる 95
53 がん保険ならではの付帯サービスを利用する 96
54 自営業者は公的保障の手薄さを保険でカバー 97
55 退職後は、基本的に保険より貯蓄を優先する 98
医療保険・がん保険 Q&A 56～59 99

4章 「自動車保険」見直しのコツとポイント

自動車保険は対人補償、対物補償を優先する 102
自動車保険の保険証券の見方 104
ダイレクト型(ネット型)で保険料が安くなる 106
複数社で見積もりをして割安な保険会社を探す 108
補償対象者の条件を見直すとお得になる 110
車両保険の補償範囲を絞って保険料を下げる 111
早期の見積もりで２つの割引が受けられる 112
自賠責保険は、長期契約であるほど割安になる 113
ロードサービスに注目してＪＡＦ代を節約する 114
テレマティクス保険で安全に運転して節約する 115
運転者限定の自動車保険にして1日自動車保険を活用する 116

自動車保険 Q&A 71～74 117

5章 「火災保険」「地震保険」見直しのコツとポイント

75 火災保険・地震保険は補償の対象が重要 120
76 火災保険は最新の保険が最善 122
77 火災保険・地震保険の保険証券の見方 124
78 2020年は中小損保や少額短期保険がねらい目 126
79 火災・地震保険も長期契約で得をする 128
80 地震保険は途中からでも加入可能 129
81 賃貸暮らしこそ火災保険は自分で選ぼう 130
火災保険・地震保険 Q&A 82～86 131

6章 メリット・デメリットを知ってお得に選ぶ「話題の保険」

87 無保険では絶対に海外旅行へは行かない 134
88 カード付帯の海外旅行保険の一覧表をつくる 136

89 老後の海外旅行のために退職前にカードをつくる 138
90 義務化が進む自転車保険　正体を知って節約する 140
91 個人賠償責任特約の合算ルールを知ろう 142
92 健康増進型保険で健康な体を目指す 144
93 就業不能保険と所得補償保険を比較する 146
94 共済は掛金が一律というメリットがある 148
95 少額短期保険は個性的な保険が多い 150
96 介護保険をより手軽にしたのが認知症保険 151
97 Wi-Fiルーターの補償は海外旅行保険で十分 152
98 学資保険の加入は短期払いがお得 153
99 老後の資金不足にはトンチン年金も一策 154
100 もっとも見直しが難しい外貨建て保険と変額保険 155

ライフプラン別「保険の必要度」一覧 156
索引 158

[免責]

本書に記載された内容は、情報の提供のみを目的としております。したがって、本書を用いた運用は必ずお客様自身の責任と判断によって行ってください、これらの情報の運用の結果について、技術評論社および著者はいかなる責任も負いません。
本書記載の情報は、2020年6月末日現在のものを掲載していますので、ご利用時には、変更されている場合もあります。また、一部、編集部で独自に集計して算出している数値があります。
最新の情報が異なることを理由とする、本書の返本、交換および返金には応じられませんので、あらかじめご了承ください。
以上の注意事項をご承諾いただいた上で、本書をご利用願います。これらの注意事項に関わる理由に基づく、返金、返本を含む、あらゆる対処を、技術評論社および著者は行いません。あらかじめ、ご承知おきください。

[商標・登録商標について]

本書に記載した会社名、プログラム名、システム名などは、米国およびその他の国における登録商標または商標です。本文中では、™、®マークは明記しておりません。

1章

損しない「保険の見直し」10のポイント

家計が厳しい……。そんなときは保険を見直すことで無理のない節約が可能です。本章ではまず、保険を見直す際にとても大事なポイントとなる10の項目を紹介します。

1 Technique

家計の見直しは固定費から手を付けると効果的

家計の見直しは保険料など固定費から始める

消費税の税率引き上げや、新型コロナウイルスによる自粛の影響などもあり、家計が苦しいという人は少なくありません。

そこで家計の見直しをしようとなったとき、失敗しがちなのは、食費や余暇を楽しむ費用を削るという方法を取ることです。一見、取り組みやすく思われるのですが、実は逆効果です。暮らしと心からダイレクトにゆとりを奪うので、心身ともに苦しくなり、まず長続きしません。

おすすめなのは、**家計支出のうち固定費に着目して削る方法です**。たとえば、携帯電話の費用は毎月かかる固定費ですが、毎月１万円支払っている人が毎月3000円ほどで済む格安スマホに切り替えれば、毎月7000円、１年間で８万4000円も節約することができます。これだけ節約できれば家計も少し楽になり、ちょっとした旅行にも行くことができそうです。

本書で扱う保険料も、固定費の１つです。一度、保険の見直しを行って月額の保険料を節約すれば、以後は毎月その恩恵に預かることができます。さぁ、いくら家計にゆとりを生み出せるか、一緒に挑戦していきましょう！

保険料は家計の見直し効果が高い

我慢するとストレスが溜まりやすい支出の例

食費

こづかい

光熱費

余暇費

削るのが難しい支出の例

子どもの教育費

趣味への支出

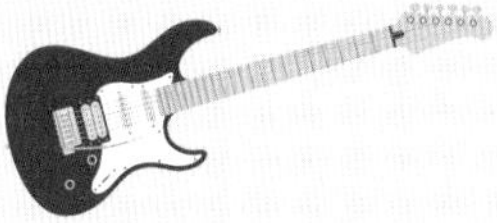

手を付けやすくて見直し効果が高い支出の例

まずはココを見直す！

通信費

住居費

生命保険料、損害保険料

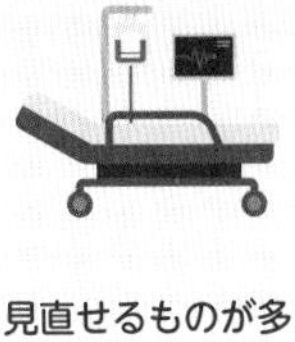

「節約できない」と思いがちな月々の固定費には、見直せるものが多い

2
Technique

家計を圧迫しない保険料の目安を知ろう

毎月の保険料は収入の5％が目安

「家計が苦しくなったので保険を見直したい」という人が多いですが、それはおそらく、もともと保険にかける予算に無理があるからです。

保険は「もしも亡くなったら」「もしも病気やケガになったら」「もしも事故にあったら」など、もしもの不安に備えるものなので、つい心配になってあれもこれもと入りすぎます。

しかし、冷静になって考えてみれば、よほどの事態でなければ計画的にコツコツ積み立てた貯蓄で対応できるはずです。保険は、今の貯蓄では備えられないほど大金が必要になる事態を想定し、優先順位を付けて、必要最小限に抑えることが大切です。

その目安として有効なのが、保険料の予算を決めることです。多くの家庭では、家計支出の約３割が住居費、約２割が食費、約２割が水道光熱費と通信費、約１割が余暇費等です。こづかいを約１割とると、気が付けば残りは約１割です。この中から貯蓄と保険料に充てるわけですが、貯蓄で備えられない事態に活用するという保険の性質から考えると、貯蓄より多いのはまずいですね。つまり、**保険料は家計支出の５％が目安となります。**

一般家庭の理想的な支出の割合

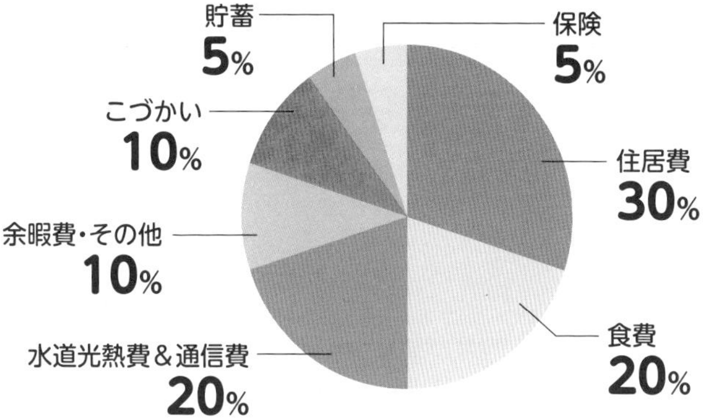

我が家の支出に当てはめると、毎月の保険料の目安は2万円以内ね
その予算なら無理なく保険に加入できますね
ボーナスが出ないと貯蓄に回せない……
ボーナスしか貯蓄に回せない家庭は、家計運営的にまずいです。保険だけでなく家計の見直しもしましょう

3
Technique

まとめ払いにするだけで保険料は安くなる

まとまった資金があれば支払い総額は減らせる

保険の見直しというと手続きだけでたいへんなイメージを持つ人もいますが、保険会社に電話一本するだけで、保険料を割安にできる方法があります。それは、保険料を一度にまとめて支払うことです。**月払いを年払いに、年払いを２年分払いというように、まとめて支払う期間が長いほど、保険料の総額は少なくなります。**

引き落とし回数を減らせば銀行に支払う手数料も減り、その分が保険料の割引に反映されるからです。さらに、「まとめ払い」によって、保険会社はより多くのお金を前もって手元に持つことができます。そのお金が多いほど運用で得られる利益も多くなり、その利益が保険料の割引にあてられるのです。

このように、まとめ払いをすると保険料の支払い総額を減らせるので確実にお得です。その**浮いたお金を株式や投資信託などの運用に回して利益を得られれば、家計に余裕を出せる**ようになるかもしれません。

「まとめて払う資金がない！」という人は、ボーナスなどまとまったお金が入った際に思い切って始めるとよいでしょう。

まとめ払いによる割引の例

☑生命保険の例

月額	1年分を一括払い
2万円	22万円

月約1666円お得

☑国民年金保険料の場合

月額	現金で1年度分を前納	現金で2年度分を前納
1万6540円	19万4960円	38万3210円

月約294円お得（1年度分を前納）

月約1960円お得（2年度分を前納）

※2020年度時点での保険料。2021年度の保険料は1万6610円
※翌月末振替の場合。当月末振替（早割）の場合は1万6490円
※出典：日本年金機構ホームページを基に作成

☑生命保険料・損害保険料の場合

- **生命保険料**
  月払いを年払いにすると約2～3％割安に
- **火災保険料**
  1年契約を10年契約にすると約18％割安に
- **地震保険料**
  1年契約を5年契約にすると約8％割安に
- **自動車保険料**
  月払いを1年一括払いにすると約5％割安に

まとめ払いは、保険料に限らずほかにも応用できる節約の基本です

4
Technique

同じ保障内容でも保険会社で保険料が変わる

ネットなどを活用した割安な保険を探す

買い物をする際に「Aスーパーに行けば同じ冷凍食品でも安く買える」「Bという薬をCというジェネリックにしたら同じ成分なのに安かった」といった経験はよくありますね。

生命保険や損害保険も同じです。たとえば、**従来の保険会社に比べてダイレクト型（ネット型）の保険会社のほうが保険料は安くなります**。ダイレクト型（ネット型）の保険会社はセールスパーソンを置かず、支店などの拠点もありません。従来の経営では必要だった人件費や支社の家賃といった固定費がかからないため、保険料を安くできるのです。

また最近では、ＡＩやビッグデータなど最新のＩＴ技術を活用して効率よくシステムを開発し、新しい切り口の保険を割安な保険料で提供するという保険会社も出てきました。

もし現在加入している保険の保険料が高いと思っているのであれば、同じ保障内容で他社の保険の見積もりを取って比較してみましょう。比較してより割安な保険が見つかったら、乗り換え候補となります。逆に見つからなかった場合は、今の保険に納得したうえで継続できるはずです。

会社を変えれば安くなるのは保険も同じ

☑医薬品の場合

同じ成分の薬でも安い場合がある。

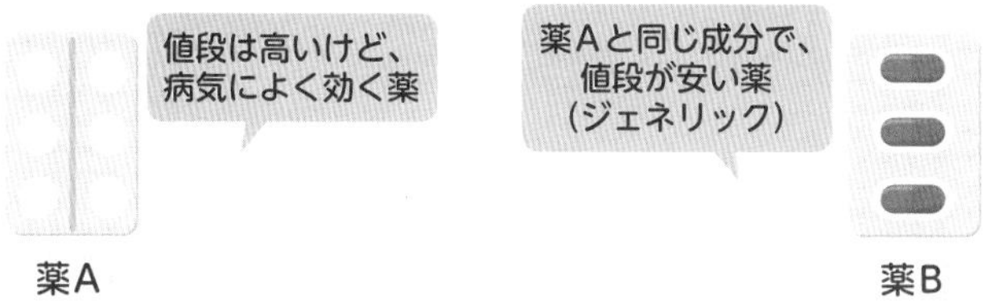

IT技術の活用で保険料が安くなる例

☑ビッグデータを活用した自動車保険の場合

ビッグデータからドライバーの安全性が測られる。

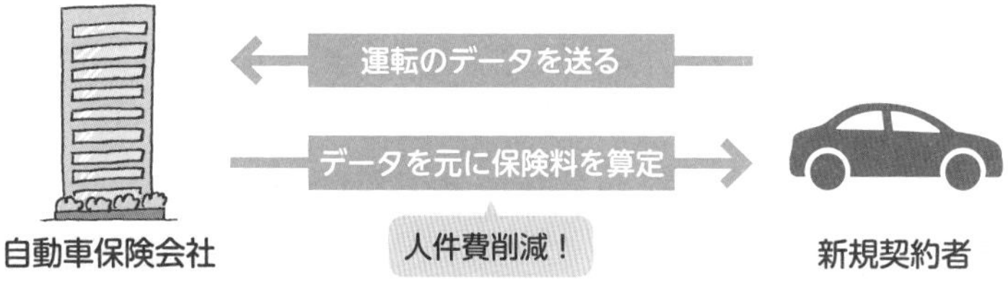

☑ＡＩを活用した医療保険の場合

過去のデータを基に、希望の予算や保障内容がわかる。

5
Technique

見直しの相談相手には向き・不向きがある

それぞれの得意分野を知って相談する

今の保険に疑問を持ったとき、悩むのが相談先ですね。実は、自分ひとりですべて解決できる人はほとんどいません。生命保険会社出身の人でも自動車保険はよくわからない……という人がいるほど、保険はもともと難しいものなのです。

そこで、誰かに相談したいとき、誰に相談するかはかなり大切です。なぜなら、相談相手の“向き・不向き”があるからです。

入っている保険の保障（補償）見直しだけでよい場合なら、右表の❶今入っている保険の担当営業職員や代理店、❹ＦＰ（ファイナンシャルプランナー）事務所がフィットします。新しくほかの保険を検討する形での見直しであれば、❷保険ショップや銀行の窓口、❸自分で検討＆ダイレクト加入、❹ＦＰ事務所です。

まるでＦＰ事務所が万能に聞こえそうですが、**同じ医者でも耳鼻咽喉科や産婦人科、眼科など専門が分かれるように、ＦＰ事務所も保険相談が得意な事務所もあればそうでない事務所もあるため、万能ではありません。**「こんな見直しにするはずじゃなかった」と後悔しないように、相談先の得意分野を十分吟味してください。

主な保険の相談先のメリット・デメリット

相談先	メリット	デメリット
❶ 今入っている保険の担当営業職員や代理店	・末永い付き合いを前提に、きめ細やかな保険メンテナンスの提案を期待できる ・職場や自宅の近くなどに出向いてきてもらって相談を受けられる	他社と比較していないので、保険料が割高なのか割安なのかわかりにくい
❷ 保険ショップや銀行窓口	・複数社の提案を受けられるので幅広い選択肢から、新しく入る保険を選べる ・自宅や職場の最寄り駅そばの身近な立地で相談できる	代理店手数料が収入源であるため、取り扱っていない保険会社や共済、ダイレクト型保険などの提案は受けられない
❸ 自分で検討&ダイレクト加入	・インターネットなどで自分でプランを決めるため、シンプルな保障(補償)内容に切り替えられる ・好きな時間に調べて、納得がいくまでじっくり比較検討できる	誰にも相談できない。新しい保険の申込みや保険金請求などの手続きの際に、自分で能動的に動く必要がある
❹ FP(ファイナンシャルプランナー)事務所	・保険だけでなく、家計支出や教育費、住宅ローンなども含めた多角的な視点からのアドバイスが期待できる	保険相談料は通常、有料(無料の場合は、保険会社と代理店契約などを結んでいて代理店収入を得ている可能性大)

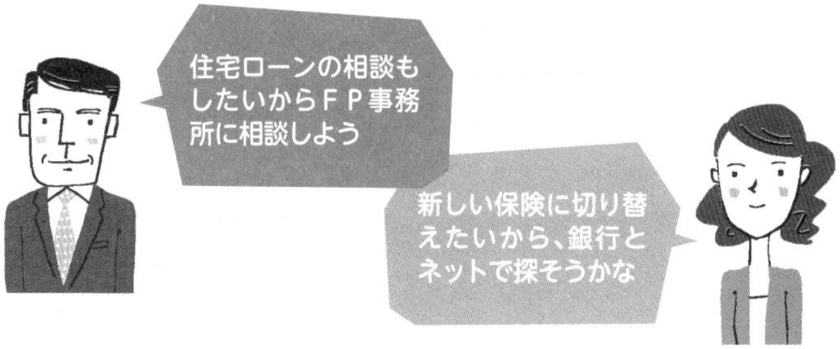

住宅ローンの相談もしたいからＦＰ事務所に相談しよう
新しい保険に切り替えたいから、銀行とネットで探そうかな

6
Technique

解約タイミングには細心の注意が必要！

払込猶予期間を利用して二重払いを防ぐ

新しい保険に切り替えようと決めたら、一刻も早く今入っている保険を解約したくなりますが、得策ではありません。新しく申し込んだ保険会社から契約を断られた場合、何も保障がない状態になるからです。**今入っている保険を解約するなら、新しく申し込んだ保険会社が契約を承認した日以降がベストです。**

となると「保険料が二重にかかってもったいない」と思いますが、保険料の払込猶予期間を逆手に取ることでうまく回避する方法があります。払込猶予期間は、保険料を払込期日までに払えなかった場合でも、契約が有効である期間のことです。

たとえば、加入中の保険が月払いだとすると、保険料の払込猶予期間は、払込期月の翌月１日から末日までです。そのため、既存の保険契約の保険料を支払わなくても翌月末までは保険は有効です。右図の例では、８月の保険料払い込みをストップしても、９月末までは保険が有効です。その間に新しい保険の承認を得られれば、保険料の二重払いを回避できます。月払い、年払い、保険によっても払込猶予期間が異なるので、しっかり確認しましょう。

払込猶予期間の例

	払込期月 （保険料を払い込むべき月）	払込猶予期間
月払	月ごとの契約応当日の属する月の1日から末日まで	払込期月の翌月の1日から末日まで
半年払	半年ごとの契約応当日の属する月の1日から末日まで	払込期月の翌月の1日から翌々月の月単位の契約応当日まで（月単位の応当日がない場合は翌々月の末日まで。ただし、契約応当日が2月、6月、11月の各末日の場合には、それぞれ、4月、8月、1月の各末日まで）
年払	年ごとの契約応当日の属する月の1日から末日まで	

月払いの例（契約日が7月10日）

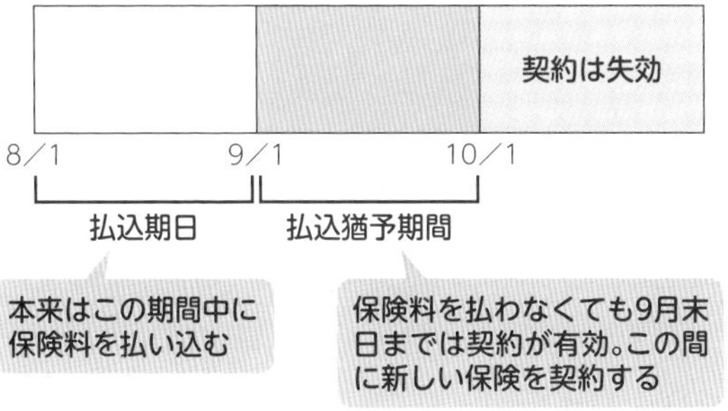
契約は失効
8／1
9／1
10／1
払込期日
払込猶予期間
本来はこの期間中に
保険料を払い込む
保険料を払わなくても9月末
日までは契約が有効。この間
に新しい保険を契約する

保険を切り替えるときのポイント

- 保障がない空白の期間を作らない
- 保険料の二重払いを防ぐ

Technique 7

残しておくべきお宝保険とは？

1993年3月までに加入した保険はかなりお得

「お宝保険」という言葉を耳にしたことはありますか。**一般的には、1993年３月までに契約した、貯蓄性の高いタイプの保険のことです。**右表にあるように、お宝保険の時代は現在よりも予定利率が高く設定されています。予定利率とは、保険会社が契約者に対して約束する運用利回りのことです。これが高ければ、解約返戻金が多くなったり保険料が割安になります。つまり、**お宝保険は貯蓄性が高く、保険料も割安なのです。**

たとえば、30歳男性が30年満期の養老保険（満期に、生きていても死亡しても契約した額が受け取れる保険）に保険金100万円で入ったときの月払保険料は、予定利率1.5％であれば約2600円。払込保険料の総額は約94万円なので、満期時に100万円受け取ると、６万円得します。対して、予定利率5.5％の契約は月払保険料が約1630円、払込保険料の総額は約59万円で、**41万円得します。予定利率が高いほうが断然おすすめです。**

ちなみに、現在の予定利率は1.0％あればよいほうです。新発売の保険がよさそうだからとむやみに昔の保険を解約せず、予定利率を確認してお宝保険を逃さないようにしましょう。

年代別で見る予定利率の例

契約期間	保険期間ごとの予定利率		
	10年以下	20年以下	20年超
～1952年3月	3%	3%	3%
1952年4月～1976年3月	4%	4%	4%
1976年4月～1981年3月	5.5%	5.5%	5%
1981年4月～1985年3月	6.0%	5.5%	5%
1985年4月～1990年3月	6.25%	6%	5.5%
1990年4月～1993年3月	5.75%	5.5%	5.5%
1993年4月～1994年3月	4.75%	4.75%	4.75%
1994年4月～1996年3月	3.75%	3.75%	3.75%
1996年4月～1999年3月	2.75%	2.75%	2.75%
1999年4月～2001年3月	2%	2%	2%
2001年4月～2013年3月	1.5～1.75%		
2013年4月～2017年3月	1.0%～1.5%		
2017年4月～	0.25%（標準利率）を基に各社で個別に設定		

※一時払いを除く・標準的なもの

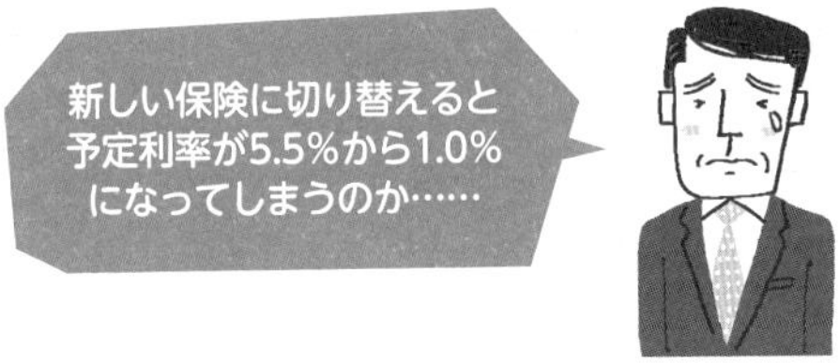

新しい保険に切り替えると
予定利率が5.5%から1.0%
になってしまうのか……

8 Technique

健康なときに保険を見直すのが鉄則

リスクが低いと判断されたほうが安くなる

生命保険や医療保険を増額したり、他の保険に切り替えようと見直す際は、健康であることが重要です。

なぜなら、新しく保険に申し込む際、健康に関する告知を保険会社から求められるからです。その告知にひっかかる項目があると、保険料が割増しになったり、場合によっては保険の申し込みを保険会社から断られることもあります。

新規で申し込むときだけでなく、今入っている保険の保険金額や入院日額を増やす場合も同様です。健康状態が悪いタイミングでは、想定よりも保険料が割高になったり、期待していたプランでの見直しができないといった残念な結果になります。**割安な保険の見直しを目指すなら、健康なときが鉄則です。**

また、それまで喫煙していたが禁煙に成功した、身長と体重のバランスがよくなったなど、**加入時より健康になったと判断された場合は逆に保険料が割安になる保険も増えています**。中には、最大で半額近く割り引かれる保険もあります。健康なときほど保険に意識がいかなくなりがちですが、そういうときこそ合理的な保険の入り方を目指しましょう。

ある保険会社の定期保険に入る場合の例

☑35歳男性、保険金額1000万円、保険期間20年のプランの場合

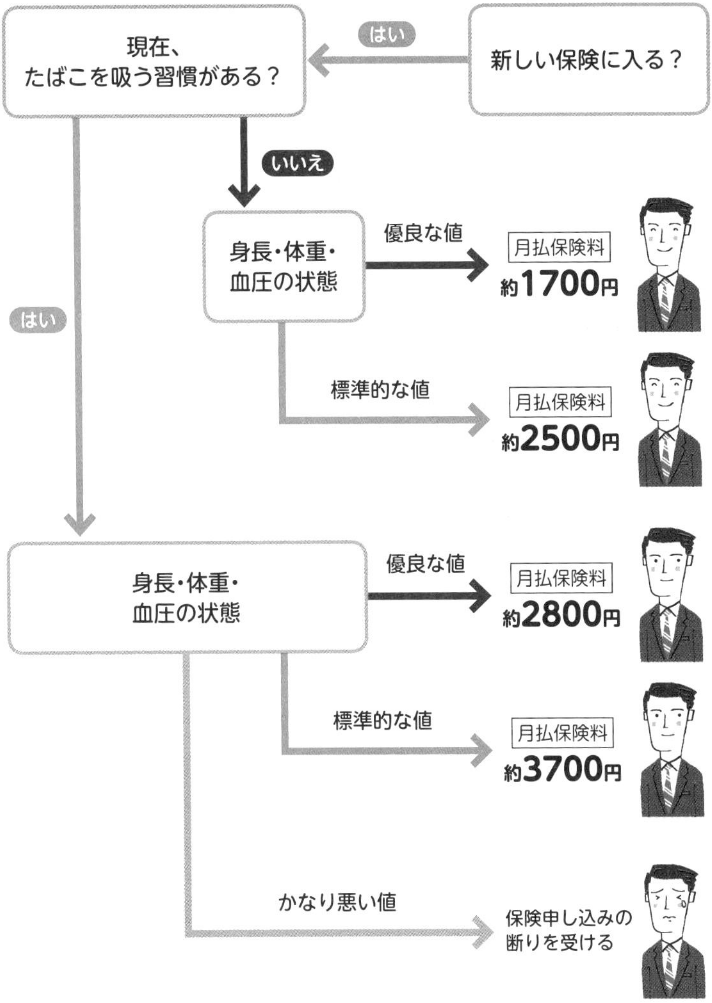

9
Technique

新型コロナウイルスなど突発的な危機での見直し方

家計に困っても保険を解約せずに済む

災害などが発生し、突発的な収入ダウンで家計が回らなくなったとき、「保険料の支払いが厳しいから解約してしまおう」と考える人は少なくありません。それほど必要ではない保障であればやめてもよいでしょうが、本当に必要な保障までやめてしまうと、肝心なときに無保険で後悔してしまいます。

そのため、大規模災害が発生した際は、保険会社は顧客の生活を守るために特別対応を実施するのが慣例となっています。たとえば、**しばらくの間は保障を継続したまま保険料の支払いを猶予したり、一定範囲内の解約返戻金を利息なしで借りられます。**

一般的に、お金を借りることは想像以上にたいへんです。借り入れ審査を受けたり、借りたあとも利息をプラスして返済する必要があります。しかし、保険会社の特別対応を活用することで、低いリスクで資金ショートを回避できるのです。

「厳しいときはまず保険を解約」と思う人もいますが、こうした特別対応によって低いリスクで借り入れし、経済的に余裕が出てから返済すれば、保険に改めて入り直す手間や審査もなく、割安な保険料のままで契約を継続できます。

大規模災害時の保険会社の特別対応

東日本大震災や熊本地震、新型コロナウイルス感染症のような大規模災害時の特別対応は、各社ホームページや担当者への連絡で確認できる。

担当者に連絡する

保険会社の担当者に連絡すると、申請方法や申請期限など、詳しい質問ができる

ホームページを見る

担当者に連絡がつながりにくい場合、各保険会社のホームページに掲載された特別対応の概要を見る

新型コロナウイルス感染症における特別対応の例

※多くの保険会社に共通する対応。各社個別の特別対応も実施している場合がある

☑保険料の払い込みが猶予される

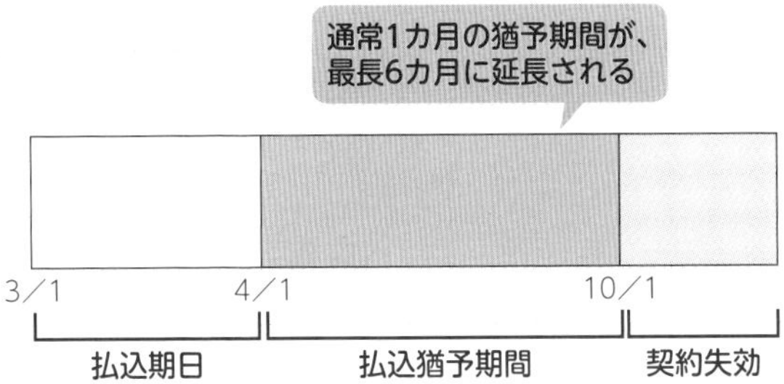

※中には13カ月延長する保険会社もある

☑保険の更新手続きを猶予できる

定期型の保険は、通常更新のタイミングを逃すと保障切れになるが、新型コロナウイルスの影響によって更新手続きができない場合は更新期間が猶予される。

☑生命保険から貸付を受けられる

終身保険や養老保険、個人年金保険など貯蓄性の高い保険に入っている場合、解約返戻金を元手に契約者貸付を受けられる。通常は金利がかかる制度だが、新型コロナウイルスの影響を受けた場合は、一定期間まで無利息となる。

10
Technique

保険を見直す 3つのベストタイミング

子どもと家の変化が見直しのタイミング

保険は一度入ったらそのままずっと続けるもの、と誤解している人は多いですが、そうではありません。**ライフプランの変化に合わせて、時期を見てこまめに見直すのがおすすめです。**

服にたとえるなら、成長につれてズボンのすそや上着の袖の丈出しをしたりなど、服が体にフィットするようにお直しをしますね。同様に保険についても自分の生活環境にフィットしたものに切り替えることによって、合理的な保険の入り方が可能になり、結果としてトータルの保険料も節約できるのです。

とはいえ、ただでさえ内容を理解するのが難しい保険のことですから、服と同じように「お直し」をマメに行うことも面倒です。そこで見直しを行うべきタイミングとして、以下の3つを意識するようにしてください。

- 子どもが生まれたとき
- 家を買ったとき
- 子どもが独立したとき

本書巻末（156ページ）に、ライフプラン別に必要となる保険を掲載しています。ぜひ確認してみてください。

2章

「生命保険」見直しのコツとポイント

生命保険は種類が多く、適切な保険金の額や自分に合ったプランがわかりづらいです。そこで、必要な保障額の計算方法や保険別のメリット・デメリットなどを解説します。

11
Technique

そもそも生命保険が必要か否か再確認しよう

生命保険の必要な額は年齢とともに減少する

保険の見直しのコツは「入りすぎ」を減らすことです。とはいえ、特に生命保険は入りすぎかどうかの見極めが難しいです。

保険金の額は「あの家は2000万円」「この車は300万円」というように、対象の金銭的価値によって決まりますが、人の命に値段を付けることはできません。そのため、保険料さえ支払うことができれば、保険金額は300万円でも３億円でも、加入者が望む金額に設定することができるのです。

とはいえ、「最低限どれくらいの保険金を設定すればよいの？」という疑問が出てくるでしょう。その疑問を解消するのが「必要保障額」という考え方です。これは、**被保険者が亡くなったとき、以降に得られるはずの収入と必要となる支出を算定し、収入では賄えない額を生命保険で補う**というものです。

この算出方法に基づくと、必要保障額は子どもが成長するにつれて年々減額します。つまり、**10年前に算出した必要保障額よりも今現在の必要保障額のほうが数千万円単位で少ないこともありえます**。定期的に必要保障額を計算してみて、過剰な保険金額を設定しているようであれば減額を検討しましょう。

必要保障額の算出方法

4人家族の夫（世帯主）が亡くなり、妻と子ども2人で15年間生活する場合

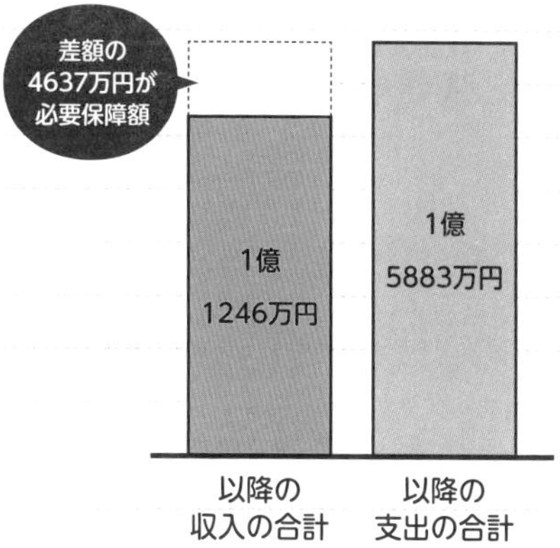

以降の収入 **1億1246万円**

- 妻の労働収入（2500万円）
- 現在の貯蓄（500万円）
- 夫の死亡退職金（500万円）
- 妻の老齢年金（1980万円）
- 夫の遺族年金（5766万円）

以降の支出 **1億5883万円**

- 生活費（6224万円）
- 住居費（7343万円）
- 教育費（1991万円）
- お葬式代など（325万円）

ライフプランとともに変わる必要保障額の推移イメージ

会社員男性の、生涯における生命保険の必要保障額の例

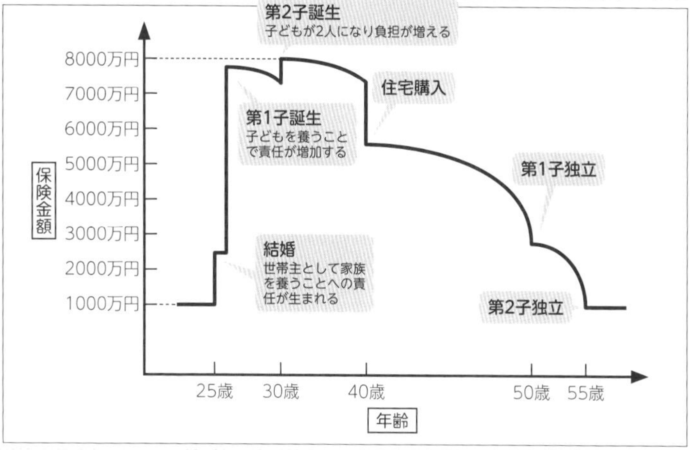

12
Technique

必要保障額はどうやって算出する？

試算してくれるWebサイトを利用する

32ページでは、生命保険で最低限設定すべき金額（必要保障額）について説明しました。しかし、いざ自分の必要保障額を知ろうとすると、何から計算すればよいかわからなくなります。

特に複雑でわかりにくいのが公的保障（遺族年金・老齢年金）です。年金の金額などが人によって異なるため自力で計算するのが難しいです。**公的保障を正しく把握するには、誕生月あたりに日本年金機構から郵送される「ねんきん定期便」をもとに、「ねんきんネット」で試算するのがもっとも正確です。**ただし、このサイトで試算できるのは老齢年金のみで、遺族年金の額までは試算できません。

「必要保障額をまとめて知りたい！」という場合は、保険会社などが提供するWebサイトを利用するとよいでしょう。保険の営業担当者や保険ショップで算出してもらうことが可能ですが、公的保障以外の試算は保険会社によって異なります。

いずれにせよ試算結果を鵜呑みにせず、最終判断は自身の考え方や価値観に従って行いましょう。納得できる落としどころを探すためのツールとして利用するようにしてください。

必要保障額算出の参考になるWebサイトの例

年金見込額試算（日本年金機構）

自身でさまざまな条件を設定することで、将来受け取る老齢年金の見込額を試算できる。「かんたん試算」は、現在と同じ条件で、60歳まで年金制度に加入し続けるという条件を自動設定して、素早く見込額を試算することも可能。
https://www.nenkin.go.jp/n_net/n_net/estimatedamount.html

撮るだけねんきん試算（三井住友海上あいおい生命）

ねんきん定期便をスマートフォンかタブレットのカメラで撮るだけで、公的年金等の受給額（目安）を試算できる。老齢年金だけでなく、遺族年金・傷病手当金・障害年金の試算が可能。
https://www.msa-life.co.jp/lineup/torudakenenkinshisan/

ねんきん定期便を使って公的保障をチェック！（オリックス生命）

ねんきん定期便の情報をWebサイトで入力すると、公的年金等の受給額（目安）を試算できる。老齢年金だけでなく、遺族年金・高額療養費・傷病手当金試算が可能。
https://www.orixlife.co.jp/guide/nenkinteikibin2018/

必要保障額シミュレーション（日本生命）
https://www.nissay.co.jp/kojin/erabikata/simulation/hitsuyo/simulation.jsp
あなたの必要保障額プラン（明治安田生命）
https://www.meijiyasuda.co.jp/ssnorapl/simulation/MYEFKokyaSimulationMypgDonyu.aspx
必要保障額シミュレーター（楽天生命）
https://www.rakuten-life.co.jp/find/simulator/life/
カンタン必要保障額シミュレーション（損保ジャパンパートナーズ）
http://www.sjpt.co.jp/insurance/simulation.html
e-ライフプランニング（生命保険文化センター）
https://www.jili.or.jp/consumer_adviser/plan.html
ライフシミュレーション（大同生命）
http://www1.daido-life.co.jp/hyojun/web/d_l_input.do?CD=daido
あなたやご家族に必要な生命保障額シミュレーション（CO・OP共済）
http://shien.coopkyosai.coop/hitsuyou2/
必要保障額シミュレーション（オリックス生命）
https://www.orixlife.co.jp/guide/lifeplan/

13
Technique

生命保険の旬は収入保障保険

保険料の負担が減少することが人気の理由

2017年までは、終身保険や養老保険といった貯蓄性が高い保険が比較的人気で、高額な死亡保障が必要な人は掛け捨ての定期保険を選択する、という傾向がありました。中には、解約時に支払った保険料よりかなり多い解約返戻金が受け取れる「お宝保険」もありました（24ページ参照）。

しかし、2017年４月に標準利率が、2018年４月に標準生命表が改定されたことで、こうした貯蓄性が高い保険が販売しにくくなりました。標準利率と標準生命表は、どちらも保険会社が予定利率を決める際の指標であり、この改定によって予定利率は大幅に下がったのです。

こうした影響を受け、現在は掛け捨てタイプの生命保険の主流です。中でも**「収入保障保険」は、保障額が年々減少していくしくみなので、保険料の負担が軽いと人気があります。**保障額が同額の定期保険と比較すると、半額以下の保険料水準となります。貯蓄性が高い保険としては、保険料払込期間の解約返戻金を低く抑えることで割安な保険料を実現した「低解約返戻金型終身保険」が、現在人気です。

死亡保障のトレンドの変化

2007年以前に主流だった生命保険

終身保険

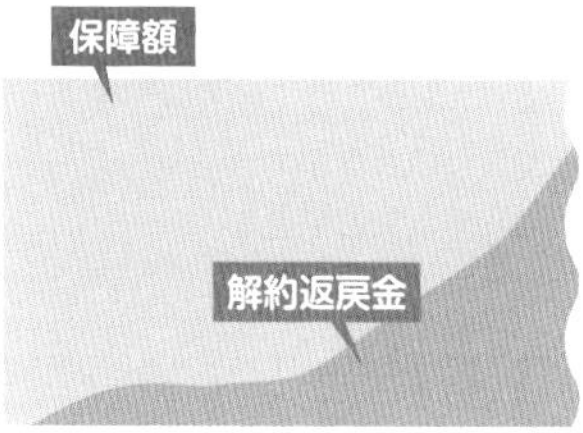

一生涯に渡り、いつ亡くなっても死亡保険金が受け取れる。貯蓄性は高いが、保険料負担が重いので、お葬式代などの整理資金として200～500万円程度で入る人が多い

定期保険

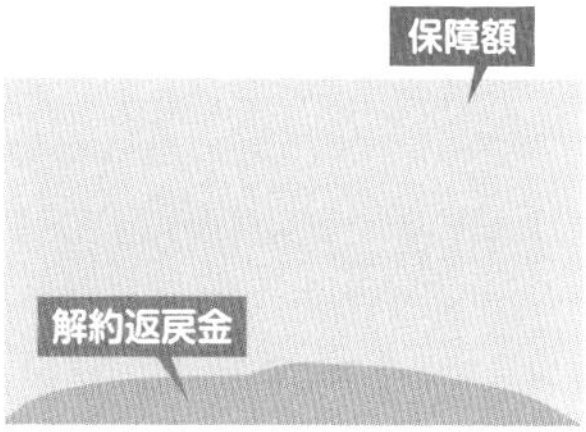

一定期間内に亡くなった場合に死亡保険金が受け取れる。亡くならずに満期を迎えると、掛け捨てになる。保険料負担が軽いので、高額保障を確保するのに便利

現在主流の生命保険

収入保障保険

一定期間内に亡くなった場合に年金形式で死亡保険金が受け取れる。解約返戻金はなし。定期保険と同じ掛け捨てだが、同じ保険料でも加入当初の保険金額が大きくなる。保障額を年々減らしていい人向き

低解約返戻金型終身保険

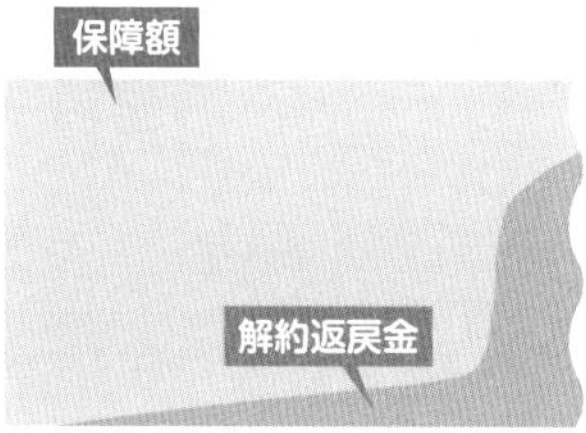

一生涯に渡り、いつ亡くなっても死亡保険金が受け取れる。解約返戻金は、保険料払込みが終わるまでは少額だが、以後は一般の終身保険と同額になる。子どもの教育資金、老後資金づくりに活用する人も多い

14 Technique

定期保険特約付終身保険の保険証券の見方

見るポイントは2点

「保険料負担が重いので見直したい」という相談で多いケースは、終身保険の見直しについての相談です。特に多いのは、200～500万円ほどの保険金額の終身保険に、2000～5000万円ほどの保険金額の定期保険を特約で付けた「定期保険特約付終身保険」です。保険料の負担が重たく、終身保険だけを見直したいのであれば、右図❶で主契約の保険金額を確認し、「200万円減額したい」と担当者に連絡すれば問題ありません。減額した分だけ以降の保険料負担が軽くなり、減額した200万円の部分で支払った分については解約返戻金が受け取れます。

定期保険特約付終身保険については、右図❷で「特約の保険期間」をまずチェックしましょう。たとえば特約年数10年と書かれていれば、10年ごとに特約の保険料がアップすることを意味します。**特約の内容については右図❶で確認できます。**

不要な保障を中途解約すれば以後の保険料を節約できますが、定期保険特約付終身保険ではそれが難しくなっています。というのも、特約の保険金額・日額は、主契約の保険金額に連動しているためです。見直し方は54ページで確認してください。

定期保険特約付終身保険の保険証券の例

保険契約と当事者について記載されている

証券番号。問い合わせをする際に必要

無配当定期保険特約付終身保険

証券番号	**********

更新のタイミングを確認

保険契約者		保険契約者印
被保険者	年　月　日生　性別	
受取人		受取割合 10割

◆契約日
年　月　日

◆主契約の保険期間
終身

◆主契約の保険料払込期間
60歳まで

◆特約の保険期間
10年
（80歳まで自動更新）

給付金の額と回数に注目する

◆契約内容

終身保険金額	2,000,000円	
定期保険特約保険金額	20,000,000円	
三大疾病保障定期保険特約保険金額		10,000,000円
傷害特約保険金額		5,000,000円
災害入院特約	入院5日目から	日額　5,000円
疾病入院特約	入院5日目から	日額　5,000円
配偶者入院特約	入院5日目から	日額　3,000円
※約款所定の手術を受けた場合、手術の種類に応じて入院給付金日額の10倍·20倍·40倍の手術給付金を支払います。		
生活習慣病入院特約	入院5日目から	日額　5,000円

※入院給付金の1入院当たりの限度日数は120日、通算限度日数は1,095日です。

◆保険料

毎回　　円
［保険料払込方法］月払い

毎月支払う保険料について記載されている

❶保障内容について掲載されている。保障内容や期間に不安があれば、終身医療保険などに入り直して入院特約部分を中途解約するのも有効な手です。更新のタイミングまで待つ必要はなく、新しい保険の審査が下りた段階で中途解約が可能

❷保険期間や保険料払込期間について掲載されている。医療特約部分を一生涯続けることはできない。主契約の保険期間が60歳や65歳の場合、80歳までの医療特約にかかる保険料は、年払いもしくは一括払いでの支払いを求められる

15 Technique

養老保険の保険証券の見方

満期保険金をチェックする

養老保険は、一定期間において、生きていても亡くなっても契約した額が受け取れるしくみの生命保険です。たとえば、保険期間20年、保険金額200万円で契約すると、その20年間で被保険者が亡くなれば遺族に200万円が、何事もなく20年過ぎれば被保険者自身が200万円を受け取れます。

右図の例では、主契約の月払保険料が7270円なので、7270円×12カ月×20年＝約174万円の保険料を払えば、20年後には200万円受け取れるという、貯蓄感覚で入れる保険といえます。

そのため、この保険を見直すべきか迷ったら、支払った保険料よりどれだけ多くの満期保険金を受け取れるかをチェックしましょう。**右図❷を見て保険期間を割り出し、それと❸の保険料（基本契約）と保険期間をかけた金額を、❶の満期保険金と比べます。**損していたら、解約してほかの保険に切り替えるのが合理的です。入院特約などが付いたプランが主流ですが、**満期後に医療保障がなくなるのが心配なら、特約部分だけを早めに終身医療保険などに切り替えるのも手です。**❸の保険料の合計額ベースで計算しても得していれば、継続したほうがよいでしょう。

養老保険の保険証券の例

証券番号。問い合わせをする際に必要

保険種類　普通養老保険
保険金額　金2,000,000円

証券番号	**********

保険契約者	様	契約日　年　月　日
被保険者	様 生年月日･性別　加入年齢　45歳	保険期間満了年齢　65歳
保険金受取人	満期保険金　様 死亡保険金　様	保険期間の満期　年　月　日

保険金額
満期保険金　金　2,000,000円
死亡保険金　金　2,000,000円

保険料の合計
(基本契約および特約)
金　8,330円

保険料(基本契約)
金　7,270円
保険料払込年齢(基本契約)
65歳
保険料払込期間の終期(基本契約)
年　月　日
保険料払込方法　月払･口座払込み

❶保険金額が記載されている。養老保険は「満期保険金」と「死亡保険金」の2種類欄がある

払込保険料の合計と比較する

特約種類	特約保険金額	特約保険料額	
災害特約	2,000,000円	80円	特約保険料の合計額 金　1,060円 特約保険料払込期間 年　月　日まで 特約保険期間の終期 年　月　日まで
疾病傷害入院特約	2,000,000円	980円	

❷保険契約の当事者と保険期間について記載されている。養老保険は「満期保険金」と「死亡保険金」の2種類の欄がある

この保険証券には、特約について保険金額と保険料内訳、特約保険料の合計額がまとめて記載されている。この特約保険料と基本契約(主契約)の保険料を合計したものが月払保険料となる

❸保険料について記載されている。保険料は基本契約(主契約)と特約で構成されているが、ここでは、保険料の額のほか、基本契約(主契約)の保険料について記載されている

16
Technique

定期保険の保険証券の見方

更新ごとに保険料アップの可能性がある

定期保険は、一定期間内に死亡したり、所定の高度障害状態になったときに保険金が受け取れる生命保険で、右図❶にあるように「保険期間の終期」が定められているのが特徴です。保険期間や保険料払込期間は「○歳まで」または「○年」で定めますが、「○年」のときは満期を迎えると自動更新かつ無条件で同じ保険期間だけ継続されることが多いです（一般には80歳までが対象）。

子どもが独立して数千万円もの高額な生命保険が不要になったりしたら、保険期間の途中で解約してもよいでしょう。ただし、終身保険や養老保険と違って、基本的には定期保険に解約返戻金というものはありません。

なお、年齢が上がると死亡率や病気にかかる確率が高くなるため、通常は更新するたびに保険料がアップします。**年齢が若いころは月数千円の保険料でも、60歳を過ぎると月１万円を超えたりします。**高齢になっても保険を継続するのであれば、前もって保険料の水準をホームページで確認しておきましょう。なお、がんに関わる保障については、一般的に３カ月間または90日の免責日数（保障が効かない期間）が定められています。

定期保険の保険証券の例

保険契約の当事者について記載されている

証券番号。問い合わせをする際に必要

保険種類　終身がん保険

証券番号	**********

契約日	年　月　日

保険契約者:　　　　様	被保険者 契約年齢 性別 生年月日

死亡保険金受取人	受取割合	求人
様	100%	様

保険期間の終期を確認

責任開始日	保険期間の始期(契約日)	保険期間の終期	保険期間	保険料払込期間
2010年4月25日	2010年5月1日	2020年4月30日	10年	10年

◆ご契約内容

	種類		保険金額・給付金額	保険料
主契約	定期保険	死亡保険金・高度障害保険金	30,000,000円	5,250円
特約	医療特約(入院5日目より対象)	災害・疾病入院給付金	日額　5,000円	1,680円
		通院給付金	日額　3,000円	
		手術給付金	手術の種類により1回につき、災害・疾病入院給付金日額の10倍・20倍・40	
	特定疾病診断給付特約	診断給付金(*)	支払いは1回限り　1,000,000円	390円
		(*)診断給付金のうち、ガン診断給付金の責任開始日は2010年7月26日		
他の特約	リビングニーズ特約			0円
	保険料クレジットカード支払い特約			0円
			合計保険料	7,320円

❶保険期間について記載されている。「責任開始日」(原則、保障開始日)は申込日、健康状態の告知日、第1回の保険料支払日のうち最も遅い日。「契約日」はその翌月1日が一般的

保障内容が掲載されている。保険料の記載は、種目ごとに分けられる場合や合計額のみの場合がある。「特定疾病診断給付特約」でいう特定疾病とは、がん・急性心筋梗塞・脳卒中をさす保険会社が多い

17 Technique

収入保障保険の保険証券の見方

受け取る金額は自分で計算する

収入保障保険の保険証券には、「被保険者が死亡したあと月15万円の保険金が支払われる」とだけ記載されたシンプルな内容です。しかし、その意味するところは複雑で、総額で保険金いくら受け取れるのかを自分で計算しなければいけません。

右図❶には「30歳で契約して60歳満了」という記載があります。これは、契約後すぐに亡くなった場合、60歳までの30年間は毎月15万円を受け取れるという意味です。つまり、**総額で月額15万円×12カ月×30年＝5400万円の保険金を受け取れます**。40歳で亡くなった場合はどうかというと、月額15万円×12カ月×20年＝3600万円が保険金の総額となります。このように**収入保障保険は、保険金の総額（保障額）が年々減っていくしくみ**だということを理解しておきましょう。

この保険は、保障内容の欄（右図❷）に「最低保証期間」が記載されているプランが主流です。たとえば、月額15万円のプランで「２年」と記載されていたら、保険期間の残りが２年を切った時点で亡くなった場合でも360万円（＝月額15万円×12カ月×２年分）の保険金が支払われることを意味します。

収入保障保険の保険証券の例

証券番号。問い合わせをする際に必要

保険契約の当事者について記載されている

保険種類　収入保障保険

証券番号	**********

契約日	年　月　日

保険契約者		保険契約者印
被保険者	契約年齢　歳	
死亡保険金受取人	様(配偶者:100%)	
指定代理請求人	様(配偶者)	

ここを見て受け取れる額を計算する

◆保険期間・保険料

保険期間	60歳満了(ご契約時30歳)	保険料払込期間	60歳満了
保険料	円	保険料払込方法	月払い

◆保障内容

最低限受け取れる額を計算する

基本保障	主契約	死亡・高度障害状態になったとき(最低保証期間2年) 月額　150,000円
		満了までに死亡・高度障害状態にならなかったとき 150,000円
特約	リビング・ニーズ特約	余命6カ月以内と判断されたとき、年金の一時払額の全部または一部を生前にお支払いします。

①保険期間や保険料について掲載されている。「○歳満了」と記載されることが多い。保険期間と保険料払込期間は一致したプランが主流

②この保険の保障内容が掲載されている。入院特約を付けている場合、この保険自体が一定年齢までの保障のため、以後の医療保障が無くなることに不安を感じる人が多い。最近は就業不能保障特約を付けられるプランが人気

18
Technique

低解約返戻金型終身保険の保険証券の見方

不用意に解約すると損になる

2017年4月以降、終身保険などの貯蓄性が高い保険は魅力が減ったため、加入する人も減りました（36ページ参照）。ただし、そうした状況でも、相続対策や老後資金づくり、教育資金づくりを目的とした終身保険は一定のニーズがあります。

そのため、保険会社は現在「保険料払込期間の解約返戻金を少なめにする」ことによって保険料を割安にした「低解約返戻金型終身保険」を代表的な貯蓄性保険として販売しています。この保険は、保険料払込期間が終われば、通常の終身保険との違いはありません。

低解約返戻金型終身保険の保険証券で特徴的なのは、右図❶に解約返戻金の推移表が載っている点です。この例では、保険料払込期間（＝低解約返戻金期間）の間に解約すると、払った保険料の約7割しか返戻金を受け取れませんが、**そのあとは払込保険料累計額よりも多い解約返戻金を受け取れるのが一般的です。**

保険料払込期間中は下手に解約するとその時点で損が確定するため、「終身保険をどれか解約しよう」と考えた際、当該保険を解約するかは保険証券をしっかり確認してからにしましょう。

低解約返戻金型終身保険の保険証券の例

証券番号。問い合せをする際に必要

保険契約の当事者について記載されている

保険種類	低解約返戻金型終身保険
証券番号	**********

契約日	年　月　日

保険契約者			
被保険者			
性別	男性	契約年齢	30歳
生年月日	年　月　日		

◇死亡保険金受取人

◇上記以外の給付金の受取人

◇指定代理請求人

契約内容の内訳	保障額	保険料
終身保険金額(主契約保険金額)	5,000,000円	10,870円
		10,870円

いつまで解約返戻金が低いのかを把握する

◆解約返戻金について

経過年数		年齢	払込保険料累計額	解約返戻金	払戻率
低解約払戻期間	5年	35歳	652,200円	437,400円	67.0%
	10年	40歳	1,304,400円	937,950円	71.9%
	20年	50歳	2,608,800円	1,937,150円	74.2%
	30年	60歳	3,913,200円	3,009,950円	76.9%
低解約払戻期間経過直後			3,913,200円	4,301,850円	109.0%
	40年	70歳	3,913,200円	4,527,300円	115.6%
	50年	80歳	3,913,200円	4,731,200円	120.9%

◆保険料の払込方法

月払い

クレジットカード払い

❶解約返戻金の推移表が記載されている

契約内容と保険料について記載されている

19 Technique

契約内容一覧をつくってみよう(生命保険)

高額な保障はいつまで必要かを知る

もともと生命保険はいくらで入ってもかまわないのですが (32ページ参照)、合理性を追求するなら、**子どもが独立するまでは数千万円もの高額な生命保険が必要と考えられます。**子どもが独立したあとは、お葬式代程度でOKというのが一般的です。

そのため、生命保険の見直しをする上で重視することは、今入っている保険の「保険期間」と「保険金額」で、必要保障額を十分に確保できているかどうかです。その際に重要なのが、**「高額な生命保険が必要な期間」をあらかじめメモして見直し作業にかかることです。**というのも、生命保険に入るときは「とりあえず」という感覚で保険期間を決めることが多く、実際のライフプランにフィットしていないケースがよくあるからです。

その上で、誰にいくらかけているのか、今入っている生命保険の現状を書き出しましょう。医療保険などに少額の死亡保険金が付いていることもありますので、忘れないようにしましょう。先にメモした「必要な期間」と比べてみて、入っている保険の「保険期間」で足りているかをまず確認します。不足しているようなら、貯蓄で補うか、新しい保険への加入を検討してみましょう。

高額な生命保険が必要な期間の考え方

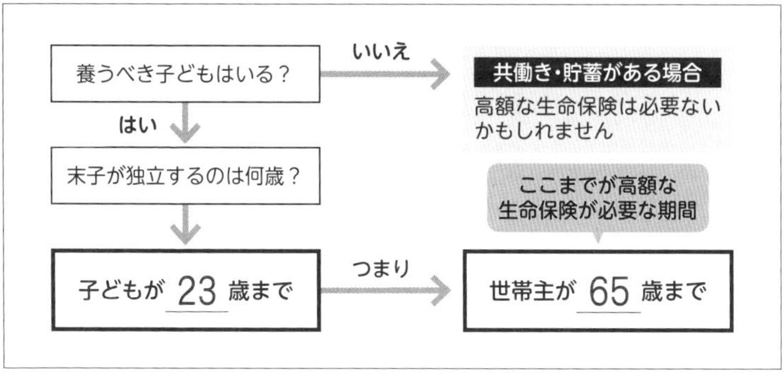
養うべき子どもはいる？
いいえ
共働き・貯蓄がある場合
高額な生命保険は必要ないかもしれません
はい
末子が独立するのは何歳？
ここまでが高額な生命保険が必要な期間
子どもが 23 歳まで
つまり
世帯主が 65 歳まで

生命保険の契約リスト

番号	1	2
保険会社／保険名	□□生命	△△生命
保険種類	☑終身保険 □養老保険 □定期保険 □収入保障保険 □低解約返戻金型終身保険 □特約（入院特約・終身特約）など □その他［　　］	□終身保険 □養老保険 ☑定期保険 □収入保障保険 □低解約返戻金型終身保険 □特約（入院特約・終身特約）など □その他［　　］
被保険者	本人（世帯主）	本人（世帯主）
保険金額	300万円	500万円
保険期間	［　　］歳まで・(終身)	［60］歳まで・終身

5年間足りない！

20 Technique

グラフ化でわかる保険の加入状況

ややこしい加入状況を一目で理解する

生命保険の見直しでは、自分の入っている保険の状況と必要保障額（32ページ参照）を比べて過不足がないか確認することが重要ですが、意外とてこずるのが、自分の入っている保険の状況の把握です。特に複数の保険に入っていると、保険に入ったタイミングがずれている上に、保険会社によって保険期間が西暦や和暦、世帯主年齢で書かれ、統一感がないため把握しづらいです。そのため、おすすめなのが、現状の生命保険の加入状況を把握するために**被保険者（保険に入っている人）ごとに保険証券を分けた上で、受け取れる保険金額をグラフ化することです。**

グラフの横軸を世帯主自身の年齢、縦軸を保険金額に設定して、グラフを描くだけです。右図のように同じシートに複数の保険金を積み上げて描いても、別々の紙に描いてもOKです。

大事なのは、「現在」と「高額な生命保険が必要な期間」（48ページ参照）に線を引くことです。**「現在」の保険金額の合計と34ページで算出した必要保障額を比べて、過不足がなければ問題ありません。**続いて「高額な生命保険が必要」な時期と必要保障額を比べて不足があれば、見直しを検討しましょう。

既契約の保険金額をグラフ化する

☑ 定期保険(保険金額500万円、60歳まで)と収入保障保険(年金額100万円、保険期間25年)を契約している場合

●**定期保険**……一定期間のみを保障する保険。保険料はおおむね掛け捨てで、途中解約しても保険料は戻らない

●**収入保障保険**……被保険者に万が一のことがあった場合、毎月一定額の保険金が支給される保険。契約から何年後に受け取っても支給される月々の保険金は一律で、受け取りが遅れるほど最終的に受け取る保険金の合計額は少なくなる

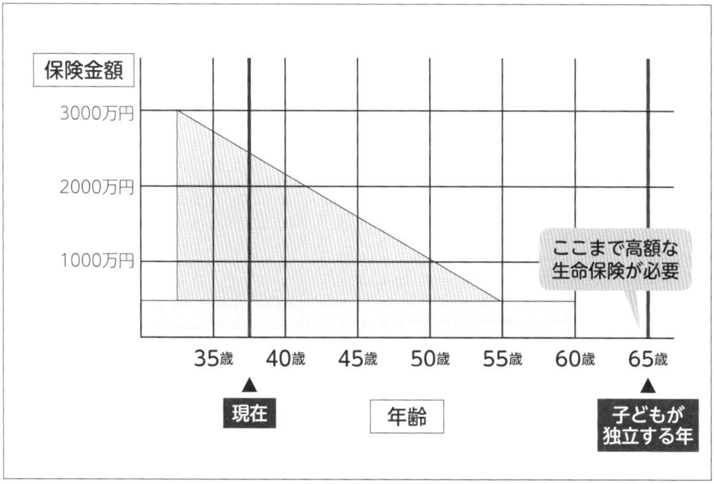

方眼紙に描いて、
現在の保険の状態を把握しましょう

21
Technique

保障を残したまま保険料の支払いを止める

減額、払済保険、延長定期保険への変更

収入が減ったり教育費や住宅ローンの負担が重くて、このまま生命保険を続けるか迷うこともあります。要らない保険であればこれを機会に止めればいいのですが、必要な保険は続けたい……。そんなときに知っておきたい方法が３つあります。

１つ目は、「保険金額を減額する」という方法です。止めるか続けるかの２択ではなく、**最低限の額に減らして保障を続けることが可能です。**

また、終身保険や養老保険などの貯蓄性が高いタイプの生命保険に入っている人であれば、「払済保険（はらいずみほけん）」や「延長（定期）保険」に変更するという方法を使うことができます。いずれも、**今の保険の解約返戻金をもとに新たな保険の一時払保険料（全保険期間分をまとめて払う保険料）に充当する方法**のことです。延長保険や払済保険という保険があるのではなく、あくまでも保険の制度のひとつです。以後は保険料を支払う必要はなく、保障は継続できます。詳細は保険会社に確認してみてください。ただし、これらに変更すると、入院特約を含め、それまで付けていたすべての特約は消滅してしまいます。

保険料の負担を減らす、またはなくす方法

☑保険金額を減額

・保険金額を減額することで、保険料の負担を軽くする方法がある。

・減額した部分は解約として扱われる(解約返戻金があれば支払われる)。

・各種特約の保障額が同時に減額される場合もある。

☑払済保険に変更

・保険料の払い込みを中止して、その時点での解約返戻金をもとに、保険期間が同じで保障額の少ない保険に変更する方法がある。

・各種特約は消滅する(リビング・ニーズ特約は継続)。

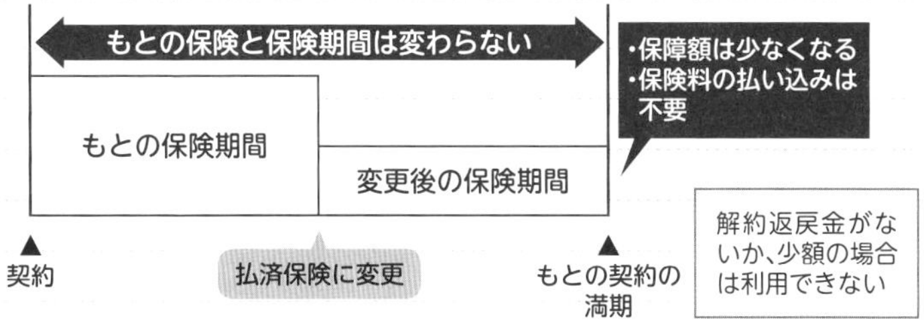

☑延長(定期)保険に変更

・保険料の払い込みを中止して、その時点での解約返戻金をもとに、死亡保障のみの定期保険に変更する方法がある。一般的に、保障額はもとの保険と同額で、保険期間は短くなる。

・各種特約は消滅する。

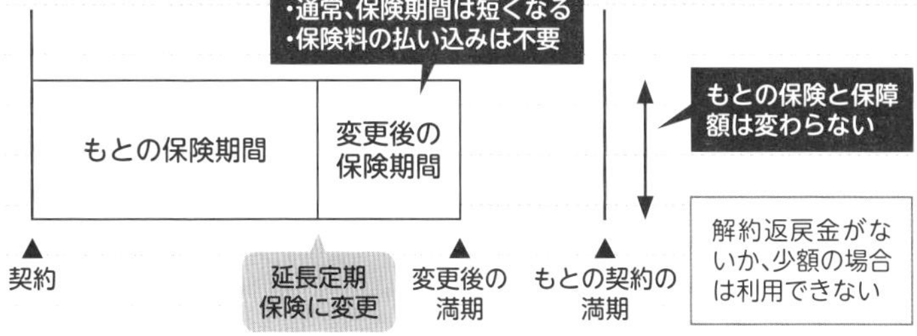

22
Technique

定期付終身保険は融通が利きづらい

加入後に悩む4つの難点

「定期保険特約付終身保険」は15～20年ほど前まで主流だった生命保険ですが、最近は新規契約をほとんど見かけなくなりました。この保険は、若い頃は保険料負担が軽く、10年・15年ごとなどの更新時に保険料がアップするしくみで、終身雇用・年功序列で年収がアップする時代には合理的と考えられていました。

しかし、今の時代とフィットしないため、見直す人も少なくありません。10年・15年ごとなどの**特約の更新のたびに保険料がアップするため、２度目の更新で断念する人が多いのです。**

また、家族型の入院特約を付けていて、被保険者である夫が亡くなったとたん、妻の入院特約まで消滅して困った人もいます。

特約の保険期間に「80歳まで自動更新」と書かれていても、主契約の保険料払込期間が60歳であれば、**60～80歳分の特約保険料は60歳時点で一括払いまたは年払いする必要があります。**「子どもが独立したから定期保険特約は減額して入院特約は増額したい」という希望も、死亡保障に連動して医療保障の額が決まるしくみのこの保険では対応不可能です。見直しの融通が利かないことに不安があるなら、早めの切り替えがおすすめです。

定期付終身保険のデメリット

更新時に保険料が上がる

更新型の定期付終身保険では、10年、15年または20年ごとに保険料が高くなる

●年齢ごとの月額保険料の例

40歳まで	1万6000円
50歳まで	2万1000円
60歳まで	3万3000円

家族型の特約のデメリット

夫の生命保険に妻の入院特約を付けている場合、夫の保障が終われば同時に妻の保障もなくなってしまう

もしも夫が
亡くなったら
私の保障もなく
なってしまう……

特約分を年払い、一括払い

払込期間が終了した後も特約の保険期間が続く場合、保険料は一括払い、または年払いになるので家計負担が重くなる

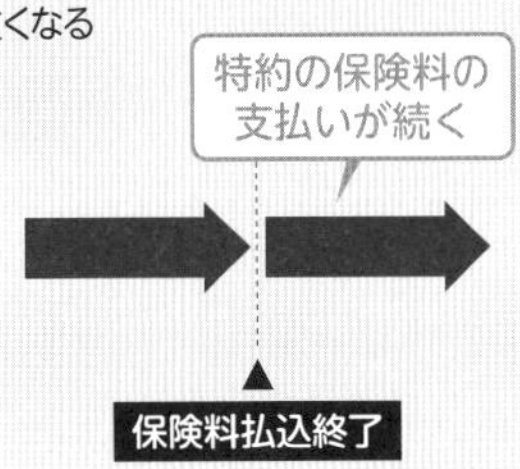
特約の保険料の
支払いが続く
保険料払込終了

希望通り保険料を増額・減額できない

死亡保障に連動して医療保障が決まるため、医療保障だけを増額したくても希望が通らないこともある

今後は医療保障が
必要なのに保障額を
変更できなかった
……

保険料のアップが苦しい場合は早めに切り替えましょう

23
Technique

定期保険は年々減額してよい

子どもの成長にあわせて保障を手薄にする

子どもが生まれたタイミングで、営業担当者や保険ショップの手ほどきを受けて高額な定期保険に入った人は、いつでも「保険の見直しの好機」にあります。思い立ったが吉日。今が保険料節約のチャンスかもしれません。

なぜそのようなことがいえるのかというと、32ページで書いたように、必要保障額はライフプランとともに推移し、一般的には年齢を重ねるごとにその額が減っていくからです。

必要保障額は、以後必要になる金額を積み上げて計算します。たとえば、3年前は子どもの学費として中学校・高校・大学の分が必要だったものの、**現在は高校・大学の学費でよくなった場合は、中学校の分だけ必要保障額を減額できます。**

つまり、昨年よりも今年、今年よりも来年と、年を経ていくごとに必要保障額は少なくて済む可能性が高いのです。定期保険や終身保険など、加入時での契約額で続けられる生命保険は、時間の経過とともに減額を検討したほうが合理的といえます。特に**掛け捨てタイプの定期保険は過剰な契約になりがち**ですので、今の必要保障額を計算して減額するようにしましょう。

定期保険の見直しの例

終身保険よりも保険料が割安で加入しやすい定期保険。
加入時に比べて将来に備えるべき金額が減少しているなら、その都度見直して節約ができる。

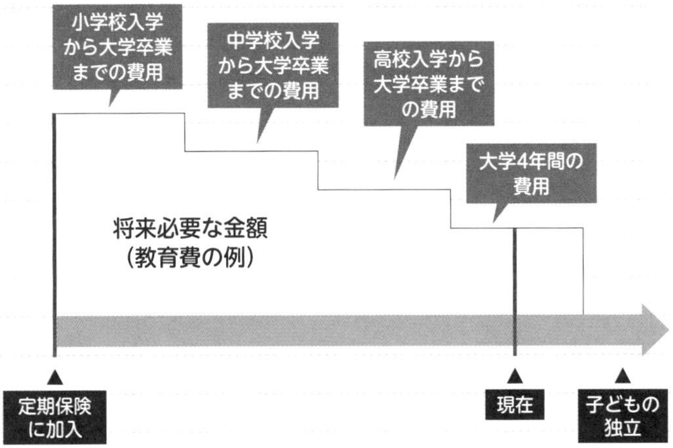

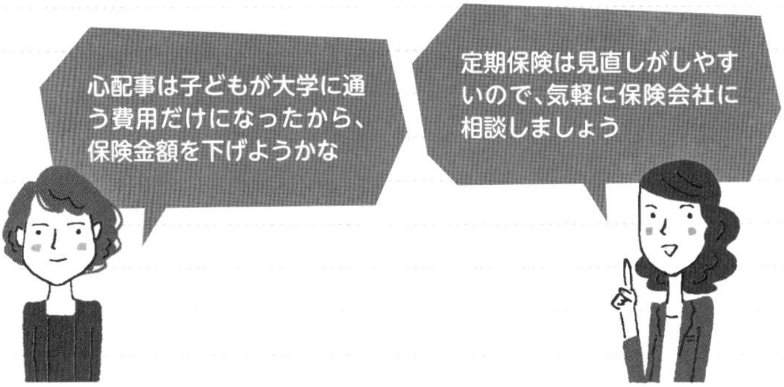

24
Technique

収入保障保険は“いつかやめる”のが得策

保険金額がスモールチェンジしてしまう

「収入保障保険」は、被保険者が亡くなったあと毎月保険金を受け取れる生命保険です。給料のように支払われるため、残された家族の生活費を補てんする目的でよく利用されています。

ただし、この保険は**亡くなるタイミングで保険金の総額が変わる**点に留意が必要です。たとえば、30歳から60歳までの間、毎月10万円を受け取れるプランの収入保障保険に加入した場合、加入直後では3600万円、40歳時点なら2400万円、50歳時点では1200万円と、受け取れる保険金の総額は減っていきます。

よく考えてみると、保障が少なくなっているのに支払う保険料が同じということは、年々損になるということです。消費税率がアップした際、お菓子や牛乳が、同じ定価にもかかわらず量が減少したこと（スモールチェンジ）に気が付いて「割高になった」とがっかりした人もいるのではないでしょうか。この保険では、それと同じしくみがもとから組み込まれているのです。つまり、収入保障保険は長く続けるほど割高になります。**子どもが独立したときなど、不要と判断した時点で解約を検討しましょう。**

収入保障保険のしくみ

☑ 受け取れる保険金総額の例

被保険者が亡くなった場合、毎月一定の保険金を給料のように受け取れる
のが収入保障保険。ただし、受け取る年齢が遅くなるほど保険金の総額が
少なくなっていく。

合計**3600万円**受け取れる

合計**2400万円**受け取れる

合計**1200万円**受け取れる

▲30歳　　▲40歳　　▲50歳

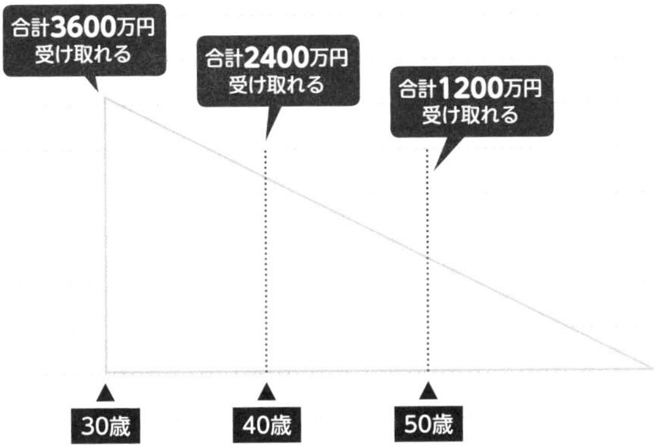

☑ 収入保障保険のメリット・デメリット

毎月一定額の保険金を受け取れるのは便利だが、一律の保険料を払うこと
が損だと感じたら切り替えるべき。ほかにも、下記のようなメリット・デメ
リットがある。

メリット	デメリット
保険料が割安	保険料は一律のまま、保険金総額が減少する
給料のように受け取れる	葬儀代や入学金などまとまった費用に弱い（一括受け取り可能だが減額となる）
頻繁に見直す必要がない	解約返戻金がない
片働き、フリーランスの人には安心	独身、子どもがいない共働きの人には不向き

25
Technique

家を買ったときは生命保険を減額する

団信と生命保険はカバー範囲が重複する

住宅ローンを組んで家を買ったときには、団体信用生命保険(団信(だんしん))と、「建物」の火災保険に半強制的に加入が求められます。そのため、既契約の保険と調整する形で見直しが必要です。

まず生命保険については、**これまで入っていた生命保険金額から団信分だけ保険金額を減額できます**。団信に加入することで、生命保険の保障と重複するからです。固定資産税や維持費の支払いを加味しても数千万円単位で保険金額を減額できます。

ただし、住宅ローンを収入合算（契約者だけでなく配偶者の収入も合わせて返済すること）で組んだ場合、配偶者にもしものことがあると、家計収入は減少してしまう一方で、住宅ローン返済額はそのまま変わらないため、ほどなく家計破綻する危険性があります。詳しくは61ページを参照してください。

火災保険については、住宅ローンの契約時に加入を求められます。住宅ローンは家を担保に入れることで低利での借り入れを可能にするローンであり、火災によって担保がなくなる事態に備えるためです。火災保険の契約時は、個人賠償責任特約（140ページ参照）を合わせて付けておくと安心です。

26 Technique

収入合算で住宅ローンを組んだら増額する

収入合算の場合は妻への保障が特に重要

住宅ローンを組む際は団体信用生命保険に入るので、既加入の生命保険は減額するという話をしましたが（60ページ参照）、ローンを収入合算で組んだ場合は、配偶者の生命保険を増額する必要があります。

たとえば、妻のパート収入を合算して借入額を増やした上で、夫名義で住宅ローンを組んだ場合、妻は団体信用生命保険に加入できません。そうした状況で、**もし妻が亡くなると、収入は妻のパート収入分減少しますが、ローンの返済額は変わりません。**夫１人の収入だけでは希望額が借りられないから、妻の収入も合算したのに、妻が亡くなってしまったら返済が厳しくなることは容易に想像できます。

通常、このようなことを融資元の銀行がアドバイスすることはありません。妻の収入を見込んで住宅ローンを組んでいる場合は、住宅ローンへの寄与度に応じて生命保険の保険金額を増額するようにしてください。世帯主である夫の生命保険より、妻の生命保険のほうが高額になるケースもよく見かけます。

27
Technique

会社の団体保険は保険料が安くなる

福利厚生の一環としての団体保険

勤務先に団体保険の制度がある人は、団体保険をメインにすると節約できる可能性が高いです。一般の保険に入るより、割安な保険料、高額な保険金額であることが多いからです。あやしい勧誘ではなく、福利厚生の一環として、会社が導入しているケースが多いです。

通常の保険会社なら営業担当者などの募集費用がかかりますが、会社が取りまとめるため、その分を割り引いた結果、かなり割安な保険料設定になっています。**加入者が多く、これまでの保険金支払いが少ない団体（会社など）ほど保険料はより割安です**。基本的に１年ごとの更新で、１年ごとに死亡率などの収支計算が行われ、剰余金が出れば配当金も受け取れます。

なお、転職した場合は、勤め先が変わるため継続できません。定年退職の場合、勤め先によっては退職後も数年間保障を継続できるところもあります。

また、**一般の終身医療保険などを勤務先が「団体扱い契約」として扱っていれば、割引価格で入れるのでお得です**。退職後は通常価格に戻るものの、契約はそのまま継続できます。

28
Technique

夫の団体保険に妻が入ると損をする

相続税の課税対象にする方法がベスト

勤め先の団体保険を利用するのは保険料を節約する上で有効です。ただし、配偶者も合わせて入っている家庭は、死亡保険金を受け取る際に損をするケースもあります。というのは、妻にかけた団体保険は契約者である夫が受け取ることになるので、所得税（一時所得）の課税対象になり、もしかしたら余計な税金を負担することになりかねません。

死亡保険金を受け取るときにかかる税金には、３つのパターンがあり、所得税（一時所得）の課税対象になる契約は最善ではありません。一番有利なのは、**保険をかける人（被保険者）が契約者と同じ人で、受取人が相続人となる形で契約することです。**これは「相続税」の課税対象になるパターンで、大きな非課税枠があるので税金がかかりにくくなります。

団体保険に夫自身が入る場合は相続税の課税対象になるのでベストですが、夫の勤め先の団体保険を利用して妻に生命保険をかけると、契約者は夫になります。つまり、所得税（一時所得）の課税対象となり税金の負担が生じやすくなります。妻は、一般の生命保険に妻自身を契約者として入るのが得策です。

29
Technique

終身保険、養老保険をやめるなら即解約が鉄則

放置していると解約返戻金が減る保険もある

保険の見直しにあたり、やめたい保険があると「放っておけば保険料の引き落としができなくて、自然とやめられるのでは」と思う人は多いです。確かに、掛け捨てタイプの保険なら2カ月連続で月払保険料の引き落としができなければ、保険は失効（保険としての効力を失うこと）します。

しかし、終身保険や養老保険など貯蓄性が高い保険はしくみが違います。2カ月続いて月払保険料が引き落とされなかった場合は、**その保険の解約返戻金から勝手に月払保険料に充当する「自動振替貸付」が行われるからです。**

おまけに、自動振替貸付された金額には利息がかかります。利息の水準は保険会社、保険によってさまざまですが、3～10％近くかかることもあります。自動振替貸付された額は放置するとどんどん利息がかかるため、自分で返済するというアクションが必要です。

のんびり構えていると、解約返戻金が予定より大きく目減りしてしまうこともありえます。必要性が低くなった貯蓄性の高い保険は、やめるならスパッと解約することがおすすめです。

30
Technique

終身保険より定期保険や少額短期保険を利用する

100歳まで保障する掛け捨ての保険が登場

一生涯保障や80歳を超える死亡保障のニーズに応える保険は、これまでは終身保険一辺倒でした。というのは、掛け捨てで割安な定期保険は、最長でも80歳までが主流だったからです。しかし、終身保険は貯蓄性が高い保険のため、どうしても保険料負担が重くなることがデメリットでした。その上、近年、保険料が割高になってきているのは36ページで触れた通りです。

しかし現在は「人生100年時代」と呼ばれるほど長寿の時代です。2019年頃からは、**90歳満期の定期保険が相次いで登場しています**。また、少額短期保険の生命保険（葬儀保険・お葬式保険）でも90歳代まで更新できるプランが主流になっており、選択肢が増えています。少額短期保険は少額で短期の保険を扱う保険会社で、通常の保険会社と同様に金融庁の管轄下で保険を販売しています。生命保険で言えば保険金額300万円まで、保険期間1年の自動更新（最長100歳まで）です。これも掛け捨ての定期保険なので、終身保険より手頃な保険料で契約できます。終身保険の保険料負担がキツくなってきたけれど保障は必要という人の新たな選択肢として注目です。

生命保険

Q&A

31 Technique

Q 転職したら保険の見直しは必要？

A はい。公的保障が変化する際は見直し必須です

生命保険は、公的保障や貯蓄でまかなえない部分を保障するものです。「転職」「独立」「起業」の際は見直しが必須です。特に、会社員や公務員から自営業になる場合、公的保障や会社独自の福利厚生制度で得ていた部分が手薄になります。

必要保障額も増加するため、割安な保険への切り替えも視野に入れて見直しをしましょう。

32 Technique

Q リビングニーズ特約って何？

A 余命が短い場合に保険金を受け取る特約です

リビングニーズ特約とは、余命6カ月以内と医師から宣告されたときに、生前に最大3000万円（加入保険金額を限度）を受け取れて、使途の制限なく使うことができるという特約です。

この特約は無料で付けられますが、自動付帯ではないため契約者本人の希望が必要です。また、平成に入ってから登場した特約のため、昔の契約では営業担当者の確認ミスなどで付け忘れも散見されています。契約内容を一度確認してみてください。

33 Technique

Q 専業主婦(主夫)家庭の保険はどうすればいい?

A 世帯主への生命保険が優先されます

専業主婦（主夫）家庭の場合、世帯主に何かあると家計が回らなくなるため、世帯主の生命保険は優先順位が高めです。

主婦（主夫）については、普段は収入がなく、万が一の場合にも家計は困らないと考えられますが、子どもが小さい頃は生命保険に加入したほうが安心です。親の援助を受けられず、１人で仕事と育児を両立させるケースがあるためです。家事などで労働時間が短縮するため、収入は減少します。生命保険で万が一の事態に備えておきましょう。

34 Technique

Q 共働き家庭の保険はどうすればいい?

A 賃貸か持ち家かによって変化します

共働き夫婦であれば、１人に何かあってももう１人が収入をカバーできるので、生命保険に入る必要性は低いことが多いです。病気やケガで働けなくなったときの保障も、賃貸暮らしであればあまり優先順位は高くありません。

しかし、持ち家の場合は状況が異なります。いずれか１人で組むのか、収入合算か、ペアローンかによって、生命保険や医療保険・がん保険などの考え方が変わるため必ず見直ししましょう（60ページ参照）。また、通常の団体信用生命保険（団信）だけでは、病気やケガによる住宅ローン返済の滞りに備えられません。

35 Technique Q 新社会人に保険は必要？

A 仕送りをしたり奨学金を借りている人は必要です

基本的に生命保険は不要ですが、家に仕送りをしている場合は、仕送りが途絶えて親が困らないように加入しておくと安心です。
また、今は２人に１人が奨学金を借りる時代です。親を連帯保証人として貸与型奨学金を利用している場合、ご自身が亡くなったあとは保証人に請求が届くので、完済までは借入額相当額は入っておきたいところです。

36 Technique Q 子どもが独立したら保険は解約すべき？

A はい。解約したほうが節約できます

定期保険や収入保障保険などを利用していた場合は、満期まで待たずに解約したほうが、その分だけ保険料を節約できます。セカンドライフでは病気・ケガや介護・認知症といったリスクがこれまでより確実に高まるため、浮いた保険料も積極的に貯めていきましょう。保障を組み替えて備えるなら、医療保険の増額や、介護保険・認知症保険、個人年金保険などの活用も一策です。

37 Technique Q 離婚するときも保険を見直すべき？

A はい。見直し必須です

生命保険の受け取り人を変更する必要があります。また、貯蓄性の高い保険の場合は、解約返戻金の分与や、学資保険をどちらが引き継ぐかなど、財産分与について考える必要があります。
離婚後は改めて会って話す機会も作りづらいため、離婚前の見直しがおすすめです。

3章

「医療保険」「がん保険」見直しのコツとポイント

とかく加入しがちな医療保険。本章では、医療保険に入るべき人や保険証券の見方、保障内容一覧のつくり方、保障内容の比較方法などを解説します。

38
Technique

そもそも医療保険が必要か否か再確認しよう

貯蓄がないからこそ保険加入でリスクを回避

保険の見直しの王道は、「**不要な保険はやめる**」ことです。

保険はあくまで、もしものときに備えて入るものです。それまでに支払った掛け捨ての保険料が数十万円〜数百万円になっていても、一度も入院しないで寿命をまっとうすれば1円も手元に戻ってきません。保険の入りすぎはむだでしかないのです。

では、保険に入るべき人とは、どのような人なのでしょうか。それは、右図のチェックリストに当てはまる人たちです。1つでも当てはまる項目があった人は保険への加入、もしくは見直しを考えたほうがよいでしょう。逆に、**十分な貯蓄がある人や勤務先の福利厚生が充実している人は、医療保険やがん保険は不要になるかもしれません。**

医療保険・がん保険が必要だと判断した場合は、「適切な保険金額」の保険に加入し直すことが見直しの鉄則です。適切な保険金額とは、必要なお金のうち公的保障でまかなえない部分が目安の1つになります。まずは、会社員であれば健康保険（健康保険組合）、自営業であれば国民健康保険など、自身の公的保障でどこまでまかなえるかを確認してみましょう。

医療保険への加入が望ましい人

下記に該当する人は医療保険やがん保険への加入を検討しましょう

項目	チェック
現在、貯蓄があまりない人	□
現状の貯蓄だけでは治療費をまかなうのが難しい人	□
教育費など、将来に備えた大切な貯蓄を取り崩したくない人	□
年金生活者など、貯蓄の取り崩しを避けたい人	□
入院するなら絶対に個室など、入院時にかかるお金を予算取りしたい人	□
自営業の人	□

貯金がないから保険に入るゆとりがない……
貯金がないからこそ、保険を活用しましょう！

ワンポイント 健康保険には3種類ある

サラリーマンや公務員が加入する健康保険。業種や企業の規模によって加入先が違います。
「組合健保」は、同じ業種の企業が共同で設立したり、企業が単独で設立して保険者となる健康保険です。一方で、組合健保を設立しない企業のサラリーマンを対象として、全国健康保険協会が運営しているのが「協会けんぽ」です。公務員、私立学校の職員らは「各種共済組合」に加入します。

39
Technique

医療保険は日額給付5000円で十分

入院時の平均在院日数は30日未満

日本の公的な医療保障は、世界の中で見ても非常に充実しています。たとえば、「高額療養費制度」では、医療機関や薬局で支払った額が１カ月間（月の初めから終わりまで）で上限額を超えた場合、その超えた分のお金が還付されます。

仮に１カ月で100万円の医療費がかかった場合、３割負担の人は窓口でいったん30万円を支払います。69歳以下で年収500万円の人であれば、「８万100円＋（100万円－26万7000円）×１％」を計算した８万7430円が１カ月あたりの上限額となります（右図参照）。つまり窓口で支払った30万円との差額21万2570円が後ほど還付されることになります。

厚生労働省の調査では、退院患者の平均在院日数は30日未満となっています。先ほどの例の人が２カ月間にわたって入院した場合でも、**８万7430円×２カ月≒約17.5万円の貯蓄があれば、入院費を支払うことができます**。また貯蓄がない場合でも日額5000円給付の医療保険に加入していれば、月15万円の入院給付金と5～20万円程度の手術給付金が受け取れますので、これで十分まかなうことができるのです。

高額療養費制度のしくみ

☑69歳以下・年収約370～770万円の場合（３割負担）

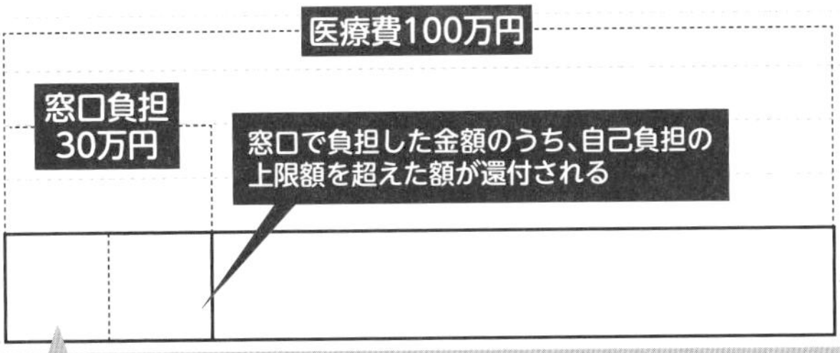
医療費100万円
窓口負担
30万円
窓口で負担した金額のうち、自己負担の上限額を超えた額が還付される

自己負担の上限額
8万100円＋（医療費100万円－26万7000円）×1％＝**8万7430円**

69歳以下の人の医療費上限額

適用区分		ひと月の上限額（世帯ごと）
ア	年収約1160万円～	25万2600円＋（医療費－84万2000）×1％
イ	年収約770～約1160万円	16万7400円＋（医療費－55万8000）×1％
ウ	年収約370～約770万円	8万100円＋（医療費－26万7000）×1％
エ	～年収約370万円	5万7600円
オ	住民税非課税者	3万5400円

※保険の加入先によって、適応区分が異なる場合がある。

40
Technique

がん保険は一時金が充実したプランがお得

現在のがんの治療は入院より通院が主流

がん治療は今、入院から通院・在宅での治療に大きく舵を切っています。以前は長期入院して手術を受けるのが一般的でしたが、現在は、医療技術の進歩などもあり、がんは仕事を続けながら治す時代になってきています。

厚生労働省の患者調査（3年ごと）によると、悪性新生物（がん）について、外来受療率が入院受療率を上回ったのは2008年のことで、以後、増え続けています。

また、退院患者の平均在院日数も減る傾向が顕著です。がんの治療費自体は下がっていませんので、これまでのがん保険のように入院日額を決めて入院日数分の給付金を受け取るプランに入っていても、十分な治療費をまかなえない可能性があります。

がん保険を新たに検討する際は、入院日額を大きくすることよりも、**がんと診断されたときの一時金の額が大きなプランや、抗がん剤など通院治療時に受け取れる給付金が充実したプランを選ぶ**ほうが、がん治療の現状にフィットします。日額保障プランをすでに契約している（既契約がある）人は、一時金や通院治療重視のプランに見直すと効率的です。

がんの入院治療の推移

〈悪性新生物に関する受療率の変遷(人口10万人対)〉

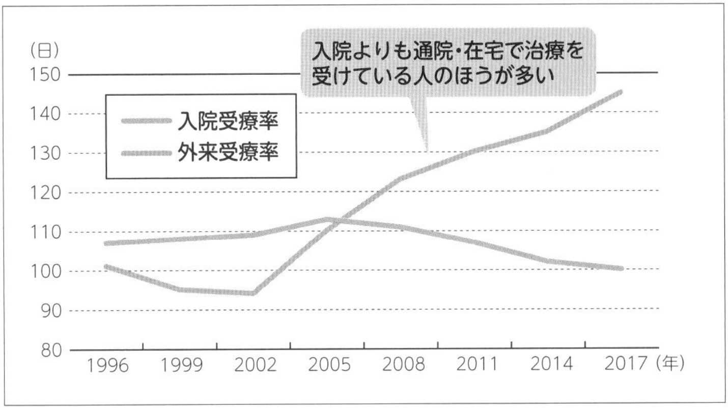

出典:厚生労働省「平成29年　患者調査の概況」

〈退院患者の平均在院日数〉

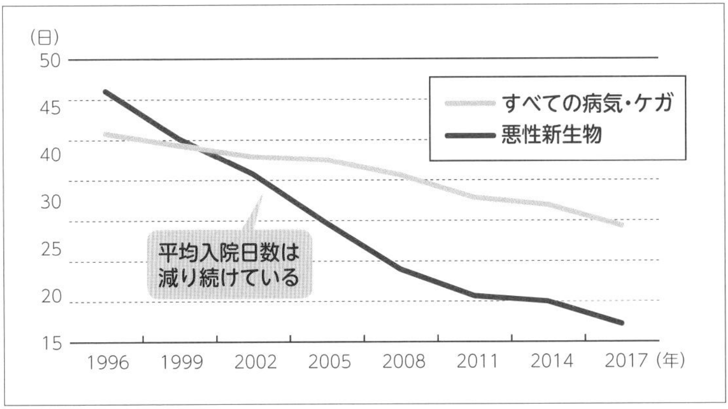

出典:厚生労働省「平成29年　患者調査の概況」

がん保険は、「入院日数分の給付金を受け取るプラン」よりも「がんと診断されたときの一時金が大きいプラン」を選んだ方が合理的です。

41
Technique

2000年以前加入の医療・がん保険は見直し必須

制約が外され多様な保険が販売可能になった

これほどたくさんの保険会社によって、さまざまな保障内容の医療保険が販売されるようになったのは、そう昔のことではありません。現在よく見かける単体の医療保険やがん保険の販売は、2000年12月まで外資系の生保会社と一部の中小生保のみに許されており、国内大手生保や損害保険会社は販売することができませんでした。

今世紀に入ってからこうした制約がなくなり、これまでの保険での不満を解消する保障内容の医療保険・がん保険が相次いで発売されました。

たとえば、医療保険では、それまで５日以上の入院で５日目から入院給付金が受け取れる「５日型」がかつては主流でしたが、**１泊２日の入院や日帰り入院でも入院給付金が受け取れるプランが登場し、現在の主流になっています。**「一生涯の保障が欲しい」「４日未満の短期入院時にも入院給付金を受け取りたい」「がん診断一時金を複数回受け取りたい」といったニーズがある人は、従来の保険では合っていないかもしれません。古い保険に入っている人は一度確認してみてください。

今と昔の保険の主流イメージ図

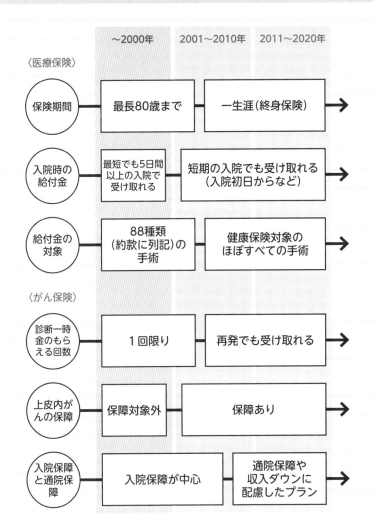

〈医療保険〉

	～2000年	2001～2010年	2011～2020年
保険期間	最長80歳まで	一生涯（終身保険）	→
入院時の給付金	最短でも5日間以上の入院で受け取れる	短期の入院でも受け取れる（入院初日からなど）	→
給付金の対象	88種類（約款に列記）の手術	健康保険対象のほぼすべての手術	→

〈がん保険〉

	～2000年	2001～2010年	2011～2020年
診断一時金のもらえる回数	1回限り	再発でも受け取れる	→
上皮内がんの保障	保障対象外	保障あり	→
入院保障と通院保障	入院保障が中心	通院保障や収入ダウンに配慮したプラン	→

42 Technique

不要なプランに気付く保険証券の見方(医療保険)

チェックポイントは「期間」「保障」「不要な保障」

医療保険の保険証券は、内容も複雑で保険会社によってレイアウトが異なります。ただ、保険会社が変わっても確認すべきポイントは共通しています。**「必要な期間」「必要な保障」が確保できるか、そして「不要な保障」はないかの3つです。**

「必要な期間」は右図❶で確認できます。ここに「終身」と書かれていない場合は要注意です。「10年間」「15年間」と記載されている場合は、期間満了時に同期間更新されますが、そのタイミングで保険料はアップしていきます。保険の多くは最長80歳まで更新されますので、約款や保障内容説明書などに必ず目を通し、保険料のアップが許容できるものか確認しておきましょう。

「必要な保障」と「不要な保障」は、右図❷で確認できます。保険証券の中で一番大きな枠であることが多く、見つけやすいでしょう。入院時に給付金日額を受け取るタイプの医療保険の場合、見るべきは「病気による入院給付金」の額です（右ページの例では「疾病入院給付金」）。記載された金額が自身にとって過不足がないか確認しましょう。また、内容が理解できない保障があれば、途中でやめることを検討しましょう。

医療保険の保険証券の例

証券番号。問い合わせをする際に必要

保険契約の当事者について記載されている

保険種類　医療保険

証券番号	**********

契約日　20XX年X月X日

保険契約者		保険契約者印
被保険者	契約年齢　○歳	
受取人	(給付金)　様 (死亡保険金)　様(続柄　) 分割割合　割	
指定代理請求人	様(続柄　)	

この保険が「必要な期間」の加入かどうか確認する

◇保険期間・保険料

保険期間	10年間	保険料	毎月＊＊＊＊円
保険料払込期間	10年間	保険料払込方法	月払い

◇保障内容

疾病入院給付金	1日につき　日額5,000円　(入院1日目から保障)
災害入院給付金	1日につき　日額5,000円　(入院1日目から保障)
手術給付金	10万円(1回につき)(約款所定の手術を受けたとき)
通院給付金	1日につき　日額3,000円　(退院後の通院に限る)
死亡保険金	50万円
ガン診断治療給付金	1回につき　500,000円　(2年に1回を限度)

この保険で「必要な保障」が確保できるか確かめる

①保険期間や保険料について記載されている

②この保険の保障内容が記載されている

43 Technique

不要なプランに気付く保険証券の見方(がん保険)

終身タイプで一時金が充実したプランを選ぶ

がん保険の保険証券も医療保険と同様に、保険会社によってレイアウトはさまざまです。その中でも、**最も重要なポイントは「保険期間」と「保障内容」です。**

国立がん研究センターが発表したデータによると、がんになった人のうち、80歳までにかかる確率は約41%、生涯においては約62%となっています。つまり80歳以上になっても、がんにかかる確率は約21%と高い水準にあるのです。

右図❶の保険期間が「終身」であれば問題ありませんが、保険期間10年などの更新型保険は、最長80歳までしか契約を更新できないことが多々あります。いつまで更新できるのかを保障設計書や約款などで確認しましょう。一生涯の保障を望んでいるなら、80歳を過ぎてがんにかかり後悔することも考えられます。

また右図❷では、**がん診断給付金(がん診断一時金)の金額と回数に注目して保険を選択してください。**現在のがん治療の主流は、入院治療ではなく、仕事を続けながら治療できる通院治療になっています。一時金で保険金を受け取ることができれば、入院治療、通院治療のどちらの治療費にも充てられて便利です。

がん保険の保険証券の例

証券番号。問い合わせをする際に必要

更新型の場合はいつまで更新可能か確かめておく

保険種類　終身がん保険

保険契約の当事者について記載されている

証券番号	**********

契約日　20XX年X月X日

保険契約者		保険契約者印
被保険者	契約年齢　○歳	
受取人	（給付金）　様 （死亡保険金）　様	保険契約者印 10割
指定代理請求人	様	

◆契約日
年　月　日
◆主契約の保険期間
終身
◆主契約の保険料払込期間
終身
被保険者
契約年齢　歳
受取人
（給付金）　様
受取割合★（死亡保険金）
様
指定代理請求人
様

給付金の額と回数に注目する

◆契約内容

ガン診断給付金	初めてガンと診断されたとき	1,000,000円
ガン入院給付金	1日目から	日額　10,000円
ガン手術給付金	1回につき	300,000円
ガン死亡給付金	ガンによる死亡	300,000円
死亡給付金	ガン以外による死亡	100,000円

◆保険料

毎回　円
[保険料払込方法]
月払い

②給付金の額が記載されている

支払保険料について記載されている

①保険期間や保険料払い込み期間について記載されている

44
Technique

契約内容一覧をつくってみよう(医療保険)

がん保険との重複に注意する

保険料がお手頃なため、複数入っていることが多いのが医療保険です。けれども、「振り返ってみれば、保険料ばかり支払っていて、保険金・給付金を受け取ったことはないなぁ」という人も多いはずです。

医療保険は、もしもの入院時に支払う費用に備えて入るものなので、保険料負担で家計が逼迫してしまっては本末転倒です。高額療養費制度を利用すれば、入院日額5000円～1万円程度あれば、最低限の入院費用はまかなえるはずです（72ページ参照）。入りすぎている場合は保障内容を比較して、できるだけ1つに絞るのがおすすめです。

まずは、79ページの保険証券の見方を参照にして、右ページの項目で保障内容を書き出すと、保険の取捨選択がしやすくなります。被保険者ごとに保障内容を比べるのが合理的です。

なお、**「がん特約」が付いているプランの場合は、がん保険と保障内容が重複している可能性があるので、医療保険のがん特約も含めてがん保険を吟味すると**、保険料の節約につながります。

医療保険の契約リスト

番号		1	2
保険会社／保険名		○○生命	△△損保
被保険者		本人	本人
保険期間		[ ]歳まで・終身	[80]歳まで・終身
保険料払込期間		[60]歳まで・終身	[60]歳まで・終身
入院給付金	日額	日額[5000]円	日額[5000]円
	入院何日目から受給可能か	日帰り入院・1泊2日 5日目・8日目 その他[ ]	日帰り入院・1泊2日 5日目・8日目 その他[ ]
	1入院限度日数	60日・120日・180日 その他[ ]	60日・120日・180日 その他[ ]
手術給付金		約款所定の88種類 ・ 公的健康保険連動	約款所定の88種類 ・ 公的健康保険連動
通院給付金		あり・なし	あり・なし
死亡保険金		あり・なし ↓ [ ]万円	あり・なし ↓ [ ]万円
がん特約		あり・なし ↓ 詳細[ ]	あり・なし ↓ 詳細[ ]

保障内容を表にして比較すると、むだに気付きやすい

45 Technique

契約内容一覧をつくってみよう(がん保険)

医療保険の特約との重複に注意

心配性な人が入りすぎやすいのが、がん保険です。しかし、昔に入ったがん保険では、進化した現在のがん治療に対応していないものが多いことに要注意です。たとえば、昔に主流だった入院給付金がメインのがん保険では、働きながら通院する今の治療で全く役に立たないこともあり得ます。

一度、今入っている保険について、右ページの項目に保障内容を書き出してみてはいかがでしょうか。保険の優先順位を付けやすくなります。**どれを削るか迷ったときは、何にでも使える「一時金」が大きなプランを優先して**、通院治療時にもお金が受け取れる「外来治療」「放射線治療」「ホルモン剤治療」「通院」などが充実したものを選ぶと合理的です。

なお、医療保険にがん特約を付けている人は、右図に合わせて書き出して一緒に吟味をしましょう。

住宅ローンを組む際にがん団信に入った人は、がんと診断されると数千万円という住宅ローン残債がゼロになります(95ページ参照)。がん団信を利用するという方法も踏まえて、がん保険の必要性を吟味してみてください。

がん保険の契約リスト

番号		1	2
保険会社／保険名		○○生命がん終身	△△損保がん保険
被保険者		本人	本人
保険期間		[　　]歳まで・**終身**	[　　]歳まで・**終身**
保険料払込期間		[69]歳まで・終身	[　　]歳まで・**終身**
がん診断一時金	一時金の額	[100万]円	[100万]円
	受取回数	**1回のみ**・複数回	1回のみ・**複数回**
入院給付金	日額	日額[12000]円	日額[10000]円
外来治療給付金		**あり**・なし ↓ [10]万円	**あり**・なし ↓ [10]万円
放射線治療給付金		**あり**・なし ↓ [10]万円	**あり**・なし ↓ [10]万円
ホルモン剤治療給付金		**あり**・なし ↓ [10]万円	**あり**・なし ↓ [10]万円
通院給付金		**あり**・なし ↓ [10]万円	**あり**・なし ↓ [10]万円
死亡保険金		あり・**なし** ↓ [　　]万円	**あり**・なし ↓ [500]万円
先進医療特約		保険金額[500]万円 交通費・宿泊費の給付 あり・**なし**	保険金額[500]万円 交通費・宿泊費の給付 あり・**なし**

46
Technique

三大疾病の定義を幅広くした保険もある

対象となる病気が幅広いほどお得

余分に入っている医療保険を絞り込んだり、あるいは、新しい医療保険に入り直す際には、ぜひ三大疾病（特定疾病）に注目してみてください。**同じ三大疾病という言葉を使っていても、保険会社によって対象の病気の範囲が大きく異なるからです。**

厚生労働省発表の人口動態統計によると、日本人の死因ワースト３は、悪性新生物（１位）、心疾患（２位）、脳血管疾患（３位）です。さらに、保険業界で三大疾病あるいは特定疾病といえば、悪性新生物、急性心筋梗塞、脳卒中、の３つを指すのが常識でした。つまり、右表のパターンCが、これまでの三大疾病だったわけです。

ところが、2017年あたりから、パターンAのワイドな範囲を対象とする医療保険が増えています。まだ過半には至っていないものの、**売れ筋の医療保険の多くでパターンAの三大疾病保険料免除特約を扱っています。**保険料が免除される疾病は、要件に記載されたものに限定されてしまいます。より幅広い病気を対象とした保険のほうが、以後の保険料の支払いがなくなるチャンスが増えてお得です。

三大疾病保険料払込免除特約の例

近年はこのタイプの医療保険が売れ筋（A）

これまでの保険業界ではこのタイプが主流だった（C）

		A	B	C	D
がん	がん	○	○	○	○
	上皮内がん	×	×	×	○
心疾患	慢性リウマチ性心疾患	○	○	×	×
	狭心症	○	○	×	×
	急性心筋梗塞	○	○	○	○
	慢性虚血性心疾患	○	○	×	×
	肺塞栓症	○	○	×	×
	急性心膜炎	○	○	×	×
	拡張型心筋症	○	○	×	×
	不整脈	○	○	×	×
	高血圧性心疾患	×	×	×	×
脳血管疾患	くも膜下出血	○	○	○	○
	脳内出血	○	○	○	○
	脳梗塞	○	○	○	○
	硬膜下出血（急性）（非外傷性）	○	○	×	×
	脳動脈瘤（非<未>破裂性）	○	○	×	×
	一過性脳虚血発作およｖび関連症候群	○	×	×	×

三大疾病という言葉で納得せず、どの病気を対象としているかをチェックしましょう

47 Technique

先進医療特約は給付の付いたタイプが有利

交通費や宿泊費に関する給付を重視

名前の響きか、保険料が100～150円程度とお手頃だからなのか、医療保険に「先進医療特約」を付けたり、がん保険に「がん先進医療特約」を付ける人が増えています。これは、該当の治療を受けると、保険金額を上限に技術料を補償する特約です。

以前は300～600万円くらいの保険金額のプランが多かったのですが、今の主流は保険金額1000～2000万円のプランです。そのため、先進医療に含まれている人気のがん治療（陽子線・重粒子線治療）が300万円前後かかることを踏まえて「3～6回分受けられるほうがお得」と勘違いして、新しい医療保険に見直す人が少なくありません。けれども、**陽子線や重粒子線は副作用への懸念から、一度受けると複数回は受けられません。**がん治療を想定して1000～2000万円もの保険金額の先進医療特約に入るのは的外れになってしまいます。

陽子線や重粒子線は遠方で10日～2週間程度の治療となることが多いので、**検討中の先進医療特約に交通費や宿泊費に関する給付が付いているかをまずチェック。残すならこのタイプです。**いざとなったときの持ち出しが少なくて済み安心です。

先進医療特約の落とし穴

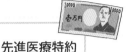

医療保険
がん保険

＋

先進医療特約

金額が多いほうが、一見お得そうに見えるが……

要注意!

陽子線治療や重粒子治療など、人気の先進医療のなかには、副作用の観点から１回しか受けられないものもある

保険金額が1000～2000万円くらいあれば、何度も治療を受けられるだろう

NG!
治療を何度も受けられない

長引く入院に備えて、治療費だけではなく交通費や宿泊費も補填してくれるところを選ぼう

OK!
入院に伴う費用をカバーできる

想定される入院日数が長い場合は、交通費、宿泊費給付の保険がおすすめ

48
Technique

1日の入院で5日分給付される保険がある

入院時の初期費用の給付金に注目

2000年初めまでの医療保険は「5日型」が主流でしたが、最近の医療保険は入院初日から受け取れるプラン（日帰り型、1泊2日型）が主流です。5日型の場合も、「入院時一時金特約（入院初期費用特約）」を付けて、1日でも入院したら4～5日分の日額相当の給付金を受け取れるプランが当たり前になっています。これは2000年あたりから発達した内視鏡手術の影響です。開腹すれば2週間以上入院していたような手術も、内視鏡手術なら3日程度で退院できることが当たり前になってきました。

加えて2017年あたりから、この入院時一時金特約を拡充する動きが加速しています。5日分、10日分だけでなく、20日分の給付金を受け取れる特約も出てきています。

究極的なのは、**1日でも入院したら日額1カ月分を受け取れる保険です**。複数社で取り扱いが始まっています。こうした動きを加速させている背景には、治療費は安くならない一方で、入院日数は短期化したり、通院治療が増えている減少があるからです。既契約を整理して絞り込んだり、新しい保険に見直す際は、入院時一時金特約の額の大きさにも注目しましょう。

入院日額5000円のプランで5日間入院した場合

日帰り型・1泊2日型の場合

入院一時金特約の内容

特定の病気やけがにかかる入院を1日でもした場合、1回につき3万円を給付

3万円+2.5万円
(1日5000円×5日分)が
給付されるのね

5日型の場合

入院一時金特約の内容

特定の病気やけがにかかる入院を1日でもした場合、10万円を給付

10万円+2.5万円
が給付される

1日でも入院したら入院一時金の全額がもらえる場合

入院一時金特約の内容

特定の病気やけがにかかる入院をした場合、20万円を給付。入院日数が1日の場合でも全額支給

1回の入院で
20万円を受け取る
ことができる

49 Technique

健康保険適用外の治療も保険でカバーできる

高額な自由治療に備える保険もある

ここまでは健康保険を適用する治療を前提とした話でしたが、公的な医療保障では、どんな治療でも健康保険の対象になるわけではなく、効果があると国が判断した治療がその対象となります。逆に、まだ効果が検証されていない治療法（先進医療や自由診療）については、健康保険の対象外となります。

たとえば、100万円の医療費がかかる治療で健康保険が適用されると３割負担なので、窓口で30万円を支払います。年収500万円の人は高額療養費制度で約21万円の還付を受けられるため、実際の負担は約９万円です（72ページ参照）。これが**自由診療になると、100万円全額を負担する必要があり、治療費はかなり高額になります。**

しかし自分ががんになったとき、未承認の治療法であっても治癒する可能性があるのであれば試したいという人は、「自由診療」対応の医療保険・がん保険も視野に入れておくとよいでしょう。これらの保険に入っておけば自由診療でかかった実費を保険金として受け取れます。ただし保険料は５歳刻みの設定が主流で、高齢であるほど保険料が高額になることに注意してください。

50 Technique

がん診断一時金は“複数回”受け取れるプランが安心

がんが転移することを想定した保険選び

ひと口に「がん」と言っても、大きく分けて悪性新生物（がん）と上皮内新生物（上皮内がん）の2タイプがあります。上皮内がんは、基本的に上皮（細胞）内にとどまる病変なので、取ってしまえば命の危険はほとんどありません。

一方、がんは上皮の下にある基底膜（大腸の場合は粘膜筋板）を超えて浸潤するもののことで、血管やリンパ管を経て他臓器へ転移する恐れがあります。おおまかにいえば、がんは転移を前提とした病状を意味しています。

一昔前のがん保険の多くは、がん診断一時金の支給は1回でした。そのため、がんと診断されると一時金を受け取れますが、手術が成功しても、しばらくしてがんが転移したときには一時金が底をつき、治療費が払えないという事例が散見されました。

がん保険の見直しや新規加入を検討している場合は、がん診断一時金が複数回受け取れるプランを選んだほうが安心です。最近では、**がんと診断されたあと、3～4年にわたって定期的に一時金を受け取れるがん保険も登場**しています。そのような受け取り方を望む人はチェックしておきましょう。

51 Technique

従来の保険には長期入院に有利なプランもある

入院時の給付金が長期間受け取れる

「加入中の保険よりも最新の医療保険が魅了的な内容だから乗り換えよう」と単純に考えるのは危険です。乗り換えの検討前に加入中の医療保険の１入院限度日数を確認しましょう。１入院限度日数とは、１回の入院で給付金を受け取れる上限日数のことです。最近の医療保険は１入院限度日数60日型が主流ですが、おおよそ2000年以前の保険は120日型、180日型、360日型、730日型などがあり、実はこれが「お宝保険」かもしれません。

最近、病院は短期間で患者を退院させるため、再入院が起こりがちです。しかし、**医療保険の１入院限度日数には通常「180日ルール」があります。**これは同一疾患での再入院は前の入院から180日空かなければ同一の入院と見なすというルールです。

たとえば、60日型の医療保険に加入している人が50日間入院し、１カ月後に同じ疾病で40日間入院すると、１回の入院と見なされます。入院日数は合計90日なので、後半の30日分は保険金が給付されません。現在の主流は60日型なので、120日型のプランにすると保険料はかなり割高になります。長期間の入院を心配する人は既契約を続けるほうが安心を得られます。

52 Technique

疾病保障付団信に入るとがん保険は不要になる

がん団信でローン返済の不安を抑える

家を買うときに住宅ローンを組んだほとんどの人は、団体信用生命保険（以下、団信）を契約します。というのも、銀行などの民間金融機関は、ローンを担う人が亡くなった場合、その人の遺族に住宅ローン返済を求めても難しいと考えているためです。そこでほとんどの銀行などでは、死亡保険金でローン残債を完済できる団信への加入を、住宅ローン契約時に義務化しています。

また死亡時以外に大病に罹患して所定の状態になった場合、住宅ローン残債を保険金で完済できる「疾病保障付団信」という保険もあります。この保険には、がんと診断されたらローン残債がなくなる「がん団信」のほか、「三大疾病」「八大疾病」「全疾病」などの種類があり、この特約を付けるには0.1～0.3％程度のローン金利を上乗せするものが主流です。

これらの**疾病保障付団信では、たとえば、がんと診断されたときは以後のローン返済が免除される**ので、収入が変わらなければその分の負担が減ってがんの治療費に充てることができます。がん保険の診断一時金の多くは上限300万円なので、保険金が数千万円規模の団信がどれだけ頼りになるかわかりますね。

53 Technique

がん保険ならではの付帯サービスを利用する

がん治療に関する相談やアポイントメントが可能

最近の医療保険は、がん特約でがん診断一時金などを付けられたり、入院給付金はがんのときは無制限で受け取れるなど、がん保険ならではとされていた保障を付けられるようになりました。

ただし、がん保険と医療保険には決定的な違いがあります。それは付帯サービスです。がん保険では、がん治療についてのセカンドオピニオンサービスやがん治療の権威の医者への紹介サービス、面談による家族へのサポートサービスなど、**がんに特化した無料サービスが付いています。**

さらにがん保険には、がんになってしまった際に何から手を付けるべきかわからない人に向けた心強いサービスが用意されています。たとえば、「自身が調べた治療法と主治医の提案した治療法が違っており、このまま主治医に従うのは納得できないので、ほかの医師に相談したい（セカンドオピニオンをとりたい）」「紹介状がないと診てもらえない権威のある医者と、保険会社経由で効率的にアポイントを取りたい」などのニーズに対応したサービスです。これからがん保険を選ぶ人であれば、こうしたサービスに注目して検討するとよいでしょう。

54
Technique

自営業者は公的保障の手薄さを保険でカバー

公的な保障では補えないリスクをカバー

会社員や公務員から自営業に転身した場合、格段の差が付くのが「公的保障」の面です。たとえば、医療保障は、健康保険から国民健康保険に変わると、傷病手当金という１年６カ月間の就労不能保障がなくなります。また自営業には有給休暇もないため、病気などで働けなくなると収入ダウンにつながる上、医療費等の支出も重なり、家計が一気にピンチになりかねません。

死亡保障についても、勤め人であれば遺族年金は国民年金＋厚生年金保険という２階建て保障になっていますが、自営業だと国民年金のみの１階建てに変わります。また、子どもがいない家庭では国民年金からの遺族保障は給付がありません。

公的保障だけではまかなえず、かつ貯蓄で対応できない部分こそ、保険を活用すべきですが、自営業になった際は特にフル活用する必要があります。

「事業が軌道に乗るまでは保険に入る余裕はない……」という声も耳にしますが、事業資金を借り入れた上、病気で収入ダウンに陥ると、事業破綻も避けられませんので注意が必要です。保険の見直しから目をそらさず、前向きに検討してください。

55
Technique

退職後は、基本的に保険より貯蓄を優先する

自由に使える貯金を優先するほうがよい

退職前と退職後で大きく変わるのは、収入の形です。たとえば、病気やケガで働けなくなったとき、現役時代なら下手をすると収入が途絶えかねませんが、退職後なら年金収入はずっと変わらず受け取れます。つまり、医療保障を考える場合、現役時代なら治療にかかる費用だけでなく収入減も視野に入れる必要がありますが、退職後は治療費にだけ留意すればよくなります。

困ったことに、身体に関わる不安は加齢とともにますます強くなりやみくもに保険に頼りたくなりますが、保険はあくまで約款で定めた一定条件を満たして初めて受け取れるしくみです。**基本はそうした条件なく使える貯蓄で万が一に備え、保険は優先順位を付けて活用するという視点を持ってください。**

なお、年金収入の額は現役時代の50%水準といわれています。家計支出の額はなかなか変えられないので、収入が減った分だけ家計から潤いは減ります。保険料もこれまでのように月々の収入から払うのは難しくなるのが一般的です。そのため、優先順位が高いと判断した保険については、退職金からの一括払いも検討をしてみてください。

56 Technique Q 引受基準緩和型の保険って何？

A 持病があっても加入できる保険です

持病があると保険に入れないことがよくありましたが、今では「引受基準緩和型（限定告知型）」の登場で保険に入りやすくなりました。ただし、一般の保険に比べて保険料が1.5倍程度で、保障範囲が狭いというデメリットがあります。まずは一般の保険に申し込んだほうが、1.2倍程度の割増保険料で済みます。
引受基準緩和型保険に契約したあとも、持病改善から５年経てば一般の保険に入れる可能性があります。

57 Technique Q 無選択型って何？

A 健康状態の告知が不要な保険です

どうしても保険に入りたいときの最後の手段として「無選択型」の保険があります。引受基準緩和型（限定告知型）とは異なり、健康状態に関する告知そのものは不要ですが、保険料は一般の保険と比べて２倍以上します。保障範囲はかなり狭く、持病に関する保険請求も対象外です。契約できる保険金額も少なめで、契約してから一定期間は保障が少なくなるしくみが主流です。
手元の貯蓄が増えたら、やめる方向で見直しましょう。

58 Technique

Q 上皮内がんの保障の付いたがん保険はお得？

A 保険料が上がらなければお得です

上皮内がんとは、上皮にとどまりその下の基底膜等までは超えないがんのことです。転移・再発する可能性が低いため、一般的ながん保険では保障対象外であることが多いです。つまり、保険料が同水準なら上皮内がんまでカバーする保険がお得ということになります。

ただし、上皮内がん経験者は、一般的ながん保険には入れても、上皮内がんまでカバーする保険には申込時の診査で落ちてしまいます。がん保険を見直すなら、上皮内がんに罹患する前が鉄則です。

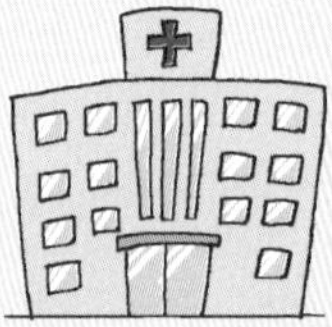

59 Technique

Q 入院保険は不要？

A 保険料を受け取れないケースが増えています

現在、治療は入院ではなく通院が主流になってます。ですので、たとえばがんに罹り、働きながら抗がん剤治療を受けるとなると、入院給付金も手術給付金も受け取れません。「通院特約」を付けていても“退院後の通院”に対して給付するしくみなので、入院していなければ通院保障が発動しないものがほとんどです。

過度に入っている医療保険は取捨選択して見直して、基本は貯蓄で備える視点が重要です。

4章

「自動車保険」見直しのコツとポイント

日々の生活に欠かせない自動車ですが、ひとたび事故を起こすとたいへんな出費につながります。リスクから身を守りつつ、得するための方法を解説します。

60
Technique

自動車保険は対人補償、対物補償を優先する

過去の判例では賠償請求２億円もある

保険は、貯蓄などではまかなうのが難しい事態に合理的に備える手段で、自動車保険もまた同様です。

民間の自動車保険は、７種類の保険を組み合わせています。予算が少ない場合は、７つの保険のうち対人賠償保険、対物賠償保険、人身傷害補償保険を優先して手当てすることが重要です。

交通事故の過去の判例によると２億円超の賠償事故も少なくないため、万が一賠償金を請求されると、とても貯蓄ではまかなえません。保険で備えるべき優先順位は、対人賠償保険、対物賠償保険がピカイチで高いといえます。

電信柱にぶつかるなど相手がいない事故をカバーできる自損事故保険、ひき逃げに遭った際などの泣き寝入りをカバーできる無保険車傷害保険、車に乗っている人がケガをカバーできる搭乗者傷害保険は、人身傷害補償保険ひとつでほぼ代替が可能です。

車両保険はマイカーが傷付いたときの補償として入っておきたいと考える人が多いのですが、自動車保険料全体のおよそ半分を占めるほどに割高な一方で、保険金額も数百万円の水準のため、保険で備えるべきかどうかの優先順位は下がります。

民間の自動車保険の主な補償内容

賠償先	保険の種類	補償内容
相手への賠償	対人賠償保険	優先! 自動車の運転事故により、相手にケガをさせたり死亡させた場合に保険金が出る
	対物賠償保険	優先! 自動車の運転事故により、相手のモノ(車や家屋、ガードレールなど)を壊した場合に保険金が出る
自分への補償	自損事故保険	運転中の事故で、運転者自身や同乗者が死傷、または身体に後遺障害やケガを負った場合で、自賠責保険から保険金が出ないときに補償される
	無保険車傷害保険	自動車事故で死亡または後遺障害を被ったものの、事故の相手が対人賠償保険に入っていないなど加害者から十分な補償を受けられないときに補償される
	搭乗者傷害保険	自動車事故によって、運転者自身や同乗者が死傷したときに定額の保険金が受け取れる
	人身傷害補償保険	優先! 自動車事故による運転者自身や同乗者のケガの治療費や、後遺障害による逸失利益や介護料、精神的損害、働けないあいだの収入などが全額補償される
	車両保険	自分の車の修理などを行う時に、修理費などが補償される

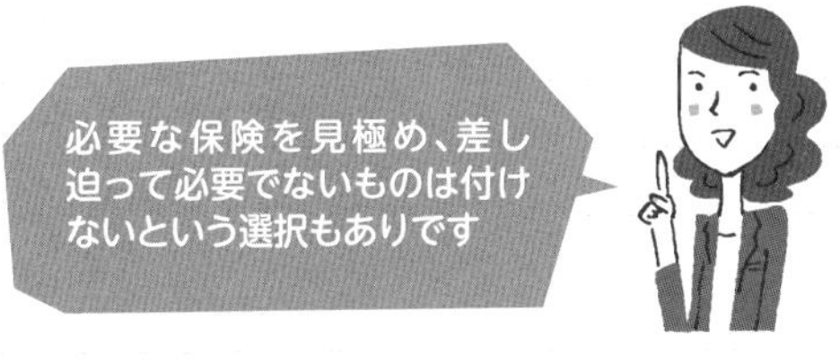

必要な保険を見極め、差し迫って必要でないものは付けないという選択もありです

61
Technique

自動車保険の保険証券の見方

保険期間と補償内容をチェックする

自動車保険の保険証券のレイアウトは、保険会社によって実にさまざまです。専門用語の羅列で、あまりにもたくさんの情報が記載されていて、読む気をそぎますね（笑）。しかし、見るべきポイントは主に2つです。

自動車保険を他社に乗り換える方針で見直すなら、右ページの保険証券の例の場合、まずは❶契約内容欄をチェックしましょう。保険期間を見て、満期の3カ月前には情報収集を始め、2カ月前には比較検討して行動に移すと、112ページにある**早期契約割引やインターネット割引を受けられてお得です。**

補償内容の見直しも行うなら、❷補償内容欄を熟読してみましょう。必要な情報はこの欄に集中しています。たとえば、110ページで紹介する年齢区分による見直しは運転者年齢条件欄、運転者限定欄を見れば現在の加入状態がわかりますし、111ページで紹介する車両保険の見直しは、車両保険欄を見ればＯＫです。

自動車保険の見直しをするときは、まずはこの２つの欄から攻めるのが王道です。

自動車保険証券の見方

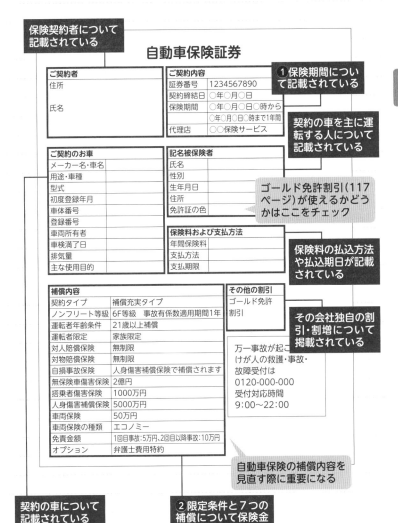

保険契約者について記載されている

自動車保険証券

ご契約者	
住所	
氏名	

ご契約内容	
証券番号	1234567890
契約締結日	○年○月○日
保険期間	○年○月○日○時から
	○年○月○日○時まで1年間
代理店	○○保険サービス

❶保険期間について記載されている

契約の車を主に運転する人について記載されている

ご契約のお車	
メーカー名・車名	
用途・車種	
型式	
初度登録年月	
車体番号	
登録番号	
車両所有者	
車検満了日	
排気量	
主な使用目的	

記名被保険者	
氏名	
性別	
生年月日	
住所	
免許証の色	

ゴールド免許割引(117ページ)が使えるかどうかはここをチェック

保険料および支払方法	
年間保険料	
支払方法	
支払期限	

保険料の払込方法や払込期日が記載されている

補償内容	
契約タイプ	補償充実タイプ
ノンフリート等級	6F等級　事故有係数適用期間1年
運転者年齢条件	21歳以上補償
運転者限定	家族限定
対人賠償保険	無制限
対物賠償保険	無制限
自損事故保険	人身傷害補償保険で補償されます
無保険車傷害保険	2億円
搭乗者傷害保険	1000万円
人身傷害補償保険	5000万円
車両保険	50万円
車両保険の種類	エコノミー
免責金額	1回目事故：5万円、2回目以降事故：10万円
オプション	弁護士費用特約

その他の割引
ゴールド免許 割引

その会社独自の割引・割増について掲載されている

万一事故が起こ…
けが人の救護・事故・
故障受付は
0120-000-000
受付対応時間
9:00～22:00

自動車保険の補償内容を見直す際に重要になる

契約の車について記載されている

❷限定条件と7つの補償について保険金額が記載されている

62
Technique

ダイレクト型(ネット型)で保険料が安くなる

人件費や手数料が省かれるためお得になる

保険の節約という観点だけに絞って考えるなら、即効性があるダイレクト型（ネット型）自動車保険に乗り換えるのが効果的です。ダイレクト型自動車保険が占める業界シェアは約７％と小規模ですが、年々拡大しつつあります。多くの人に有効なのではないでしょうか。

自動車保険の保険料は、保険金を支払うための原資となる「純保険料」と、保険代理店の手数料や人件費、店舗経費など保険会社の運営に充てられる「付加保険料」に分類されます。ダイレクト型自動車保険は、保険契約の受付をインターネットで直接行っているため、保険契約の募集を行う保険代理店へ手数料や人件費、店舗経費を節約できます。

つまり、**ダイレクト型自動車保険では、付加保険料について安く設定できるので、自動車保険料が割安になっています。**

自動車保険の更新の時期なら、保険会社の乗り換えは簡単です。事故歴や現在の契約状況によってはかえって保険料が高くなる人もいますが、一度はダイレクト型自動車保険の見積もりを取ってみるのがおすすめです。

非ダイレクト型自動車保険のしくみ

非ダイレクト型自動車保険は、代理店が仲介するため、人件費や手数料などが保険料に加算される。

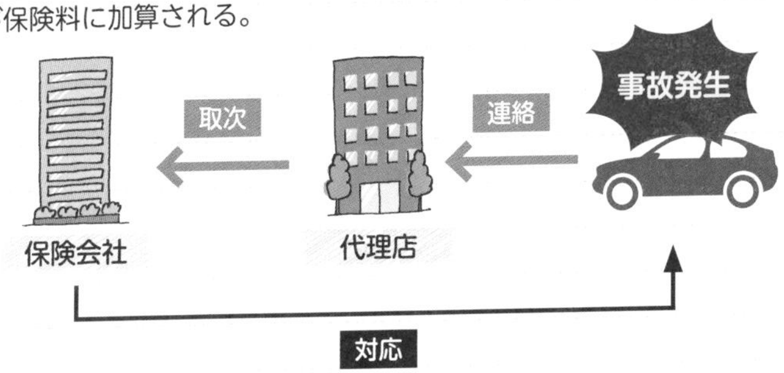

保険料	純保険料	付加保険料

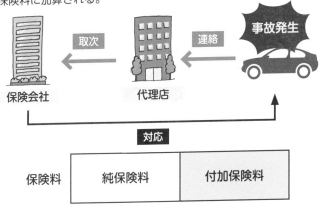

ダイレクト型自動車保険のしくみ

ダイレクト型自動車保険は、保険会社と直接やり取りをするため保険料を抑えられる。

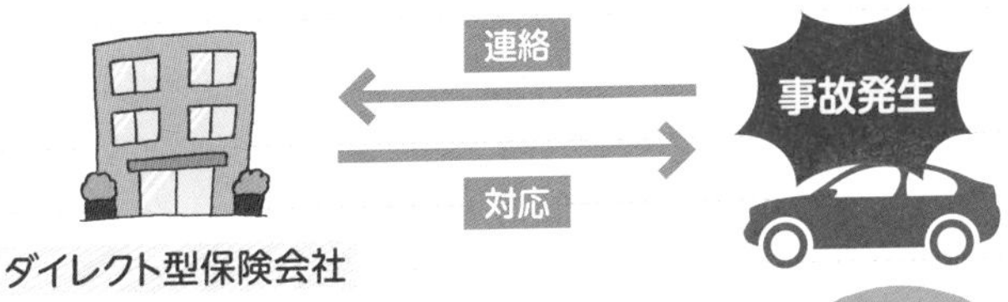

保険料	純保険料	付加保険料

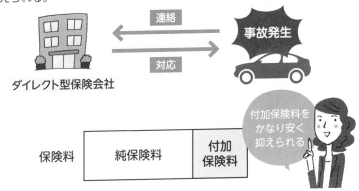

63
Technique

複数社で見積もりをして割安な保険会社を探す

保険会社によって保険料が違う

前項目で触れたように、ダイレクト型（ネット型）と一般的な代理店型の自動車保険では保険料に大きな差が生じます。さらに細かく見ていくと、同じ補償内容であっても保険会社ごとに保険料は異なります。そのため、複数の保険会社から見積もりを取り、よく比較検討することが自動車保険料の節約につながります。

たとえば、走行距離が少ない人の自動車保険料を割安にしたり、事故率の低い中高年層の保険料が安くなるといった自動車保険の広告を見たことはないでしょうか。**保険会社ごとに“安全なドライバー”と判断するモノサシが異なるため、どこの保険会社が割安になるのかは実際に見積もりを取ってみないとわからない現状があります。**

「複数の保険会社の見積もりをいちいち取るのは面倒」という人は、保険料見積もりサイトを使うという手があります。Webサイトにアクセスして、契約者、車両、補償内容などの情報を一度入力するだけで、複数社の見積もりを依頼できるため、自分で１社ずつ連絡をとるより便利です。

自動車保険の保険料見積もりサイトの例

インズウェブ	
保険会社数	20社程度
WEBサイト	https://www.insweb.co.jp/

保険スクエアbang!(ホケンスクエアバン)	
保険会社数	17社程度
WEBサイト	https://www.bang.co.jp/

価格.com(カカクコム)	
保険会社数	17社程度
WEBサイト	https://kakaku.com/

NTTイフ	
保険会社数	10社程度
WEBサイト	https://www.nttif.co.jp/

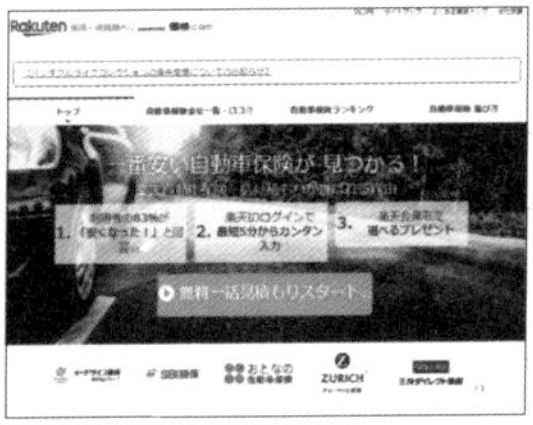

楽天一括見積もり	
保険会社数	6社程度
WEBサイト	https://insurance.rakuten.co.jp/

イオンの保険相談	
保険会社数	6社程度
WEBサイト	https://www.hokenmarket.net/

保険会社数は2020年6月の数字をもとに記載。
各Webサイトとも見積もりがとれる保険会社数は変動する。

64
Technique

補償対象者の条件を見直すとお得になる

「運転者年齢条件」と「運転者限定」がカギ

自動車保険の更新時、手軽に保険料を節約する方法として特に注目すべき点が、補償対象となるドライバーの年齢や範囲を限定することで保険料負担を軽減可能な「運転者年齢条件」と「運転者限定」の２つです。

運転者年齢条件は、補償対象のドライバー年齢を、全年齢、21歳以上、26歳以上、30歳以上、35歳以上といった区分で設定するのが一般的です。**若い年代ほど事故率が高いため、補償対象の年齢が上がるほど保険料は安くて済みます**。

運転者限定は、補償対象となるドライバーの範囲を、本人限定、本人・配偶者限定、家族限定といった区分で設定するのが一般的で、**範囲が狭いほど保険料負担を軽くできます**。

子どもが独立して実家の車を使わなくなるなど、家族構成やライフスタイルに変化があったときなどに見直すとよいでしょう。

なお、核家族世帯や単身世帯の増加で本人・配偶者限定を選ぶ人が多いため、家族限定の区分を廃止する動きも起きています。家族限定を希望する家庭は、保険会社ごとに運転者限定の区分を確認するとよいでしょう。

65
Technique

車両保険の補償範囲を絞って保険料を下げる

修理費の一部を自己負担にすれば安くなる

人為的なアクシデントや不慮の事故で自分の車が損害を受けたとき、その修理費用などを補償してくれる車両保険です。しかし、保険料が高いことが難点です。「車も古くなってきたし、車の修理費用は自己負担する」と割り切って車両保険への加入をやめると、自動車保険料が半額になったという場合もあります。完全に外すのが不安な人は、車両保険の契約タイプを見直すのも1つの方法です。

車両保険には、補償範囲が異なる一般型、エコノミー型という2つのプランがあります。フルカバーの「一般型」を、車同士の事故のみ保険金支払いの対象にする**車対車**（しゃたいしゃ）や、自然災害などのアクシデントなどに補償範囲を絞った**「エコノミー型」に切り替えると保険料を安くできます**。

保険金を請求するとノンフリート等級（事故を起こさない安全な運転者であることを表すランク）が下がり、保険料が割高になりますが、「軽くぶつかった程度の修理費であれば自己負担する」という方針の人は、**車の修理費の一部を自己負担する「免責金額」を設定すれば、保険料が数千円安くなります**。

66 Technique

早期の見積もりで2つの割引が受けられる

インターネット割引、早期契約割引で節約

自動車保険料を安くする基本として前向きに利用したいのが、各種の割引制度です。ひとつひとつの節約効果はわずかに見えても、誰でもすぐに利用できる手軽さがあります。

たとえばインターネット割引は、電話や郵送ではなくインターネット経由で契約を申し込むときに受けられます。新規契約と継続契約で割引額が変わりますが、**インターネットで手続きするだけで１万円前後も保険料を割り引く保険会社もあります**。

早期契約割引は、更新日から所定の日数前に手続きすると受けられるもので、30日前、45日前など、保険会社や設定された日数によって割引額が異なります。**更新の２カ月くらい前に早期契約割引の魅力的な保険会社を調べ始めると、スムーズに割引を受けられます**。

このほか、保険証券の発行を省くことで保険料が安くなる証券不発行割引など、割引の種類は多様です。保険会社によって、取り扱っている割引の種類や割引率などが異なるため、現在の加入条件であればどの保険会社が最も大きな割引を受けられるのか、更新まで日数があるうちに探すのもひとつの手です。

67
Technique

自賠責保険は、長期契約であるほど割安になる

長期契約で１万円も節約が可能

自動車保険の見直しというと、任意加入である民間の自動車保険で考えがちですが、実は、強制加入の自賠責保険でも節約できるポイントがあります。

自賠責保険の加入期間は、普通自動車、軽自動車ともに最短で１カ月、最長で37カ月です。**１カ月単位での契約が可能で、長期のほうが割安になるのです。**

たとえば、自家用普通自動車の自賠責保険料を契約期間で比較してみると（2020年度の場合）、以下のようになります。

●契約期間12カ月の場合…1118円／月（合計１万3410円）
●契約期間24カ月の場合…898円／月（合計２万1550円）
●契約期間37カ月の場合…820円／月（合計３万340円）

12カ月契約を更新していく場合と比べてみると、**24カ月契約なら5000円以上、36カ月契約なら１万円以上も割安になる計算です。**多くの人が、新車購入時は37カ月、２回目以降の車検を受ける場合は24カ月の契約を選ぶものと認識しているようですが、車検と保険更新のタイミングを把握して、意識して長期契約にしてみてもよいでしょう。

68
Technique

ロードサービスに注目してＪＡＦ代を節約する

ロードサービスが無料の場合もある

最近の自動車保険の多くは、ロードサービスが無料で付いています。このロードサービスは車が対象となり、加入者が対象のＪＡＦ（日本自動車連盟）のロードサービスとは異なるため、両方入っておくと安心ですが、費用を抑えたいのであれば自動車保険のロードサービスに絞るのも一策です。

ただし、保険会社によっては自動車保険付帯のロードサービスが有料オプションになっている場合がありますので、費用とサービス内容を比較して検討するようにしましょう。

また、無料である場合、たとえば、けん引・搬送なら60kmまでのみ対応であったり、バッテリー上がりや燃料切れの対応回数に制限があります。ほかにも、ＪＡＦではパンクの応急修理やタイヤチェーンの脱着、ぬかるみなどからの引き上げ、自然災害に起因した事故・故障などに対応していますが、大半の自動車保険付帯のロードサービスではこれらに対応していません。

あくまで自動車保険のロードサービスとＪＡＦとはサービス内容に違いがあることを認識し、自身の車の利用頻度や状況を踏まえて、選ぶようにしましょう。

69
Technique

テレマティクス保険で安全に運転して節約する

走った距離や運転記録で保険料が変動する

最近、自動車保険を選ぶなかで、テレマティクス保険という名前を耳にしたことはありませんか。テレマティクスとはTelecommunication（通信）とInformatics（情報工学）を組み合わせた言葉で、大きく分けて「走行距離連動型（PAYD）」と「運転行動連動型（PHYD）」の２種類があります。

走行距離連動型では、ＧＰＳなどで車の年間走行距離を測定し、走った距離が保険料に反映されます。長く運転するほど事故に遭うリスクが高いと捉え、そのリスクに応じて保険料を算出するのです。

対して運転行動連動型では、保険会社から支給されるドライブレコーダーなどの専用装置を対象車両に取り付け、安全運転のスコアを測定し、自動車保険料に反映させます。

運転行動連動型のテレマティクス保険は、**安全運転と判断されると最大30％の保険料割引を受けられるケースもあります**。大手の損害保険会社をはじめとしてテレマティクス保険の導入が増えてきているため、安全運転に自信があるなら、テレマティクス保険を扱う保険会社に切り替えるのも一策です。

70
Technique

運転者限定の自動車保険にして1日自動車保険を活用する

必要なときだけ保険料を払う

帰省してきた子ども（息子、娘）が車を運転する場合に備えた保険の入り方が、いくつかあります。「運転者年齢条件」を全年齢で設定したり、「運転者限定」を付けない、あるいは、子ども特約を付けるといった方法です。

しかし、もっともおすすめするのは「1日自動車保険」の活用です。「運転者限定」を付けて本人・配偶者限定に設定すると約6％割引できます。**めったに運転しない息子、娘が運転する際は、息子、娘が1日自動車保険に入り、必要な分の保険料しか払わない方法にすれば合理的です。**帰省の途中でコンビニやインターネットで契約すれば1日自動車保険を利用できます。

保険料は、1日（24時間）で500円程度からです。車両保険を付けるなど補償を充実させたプランでも、1000円台とお手軽なプランが多いです。1日（24時間）単位ではなく12時間単位で契約できる保険会社もあります。

なお1日自動車保険は、運転者本人が所有する自動車と、配偶者が所有する自動車については補償対象外です。つまり、あくまで子どもが対象で自分は利用できません。

自動車保険

Q&A

71 Technique

Q

カーシェアリングは安くて便利って本当？

A

車の維持費などは不要ですが、予約が埋まる場合も

事前に登録すれば、全国のカーステーションにある車を利用できるのがカーシェアリングです。マイカーに比べて購入費や車検代、駐車場代、燃料代、保険料、税金がかからず、24時間好きなときに車を使えるメリットがあります。

カーシェアリングの難点は、車の返却に精神的なプレッシャーを感じる点や、レンタカーのように乗り捨てできない点、予約が埋まれば借りられない点が挙げられます。予約が埋まっている可能性を減らすため、2つの会社で契約しておくといった工夫をする人もいます。

72 Technique

Q

ゴールド免許割引は会社によって違う？

A

はい。保険会社によって割引は異なります

免許証の色に合わせた割引率は、保険会社やプランによって違います。免許証の色はもちろん、車両保険の有無やタイプ（一般かエコノミーか）も割引の判断材料となり、基準が各社で異なります。

また、ゴールド免許割引として独立した割引制度がなくても、もともと免許証の色によって保険料が安くなる自動車保険もあります。免許証の色の違いでどれくらい安くなるかを知るには、保険料見積もりサイトなどで相見積もりを取るのが近道です。

73 Technique

Q 弁護士費用特約はいる？　いらない？

A 保険料負担が軽いなら付けたほうが安心

弁護士費用特約は、交通事故の際にかかった弁護士費用を保険会社が負担するというものです。保険会社が事故後の示談交渉に関われるのは、保険金支払いが発生した場合のみと弁護士法で決まっています。保険金が下りない事故は、自分で示談交渉するか、自費で弁護士に頼む必要があります。

たとえば、追突事故の被害者になった場合、過失割合は０％（加害者の過失が100％）となり、保険金は下りません。つまり、保険会社は示談交渉に参加できないのです。ただでさえ被害を受けて心身ともにつらいとき、被害者自らで示談交渉するのは大きな負担です。運転が上手な人でも、追突事故やもらい事故は避けられないので、保険料予算が許すなら前向きに付けておきたい特約といえます。

74 Technique

Q 月払の自動車保険は損？

A はい。保険料は年払が基本です

自動車保険をはじめ、損害保険（火災保険や傷害保険など）は、１年あたりの保険料で算出されるため、年払が基本です。月払の保険料は、ざっくりいうと、年払で計算した保険料を12カ月で割り、口座引落とし手数料などを加算した金額です。つまり､引落とし回数が多い分だけ年払に比べて保険料は割高なのです。

「そうはいっても、月払のほうが家計のやりくりが簡単」という人には、まとめ払い用の口座をつくるのがおすすめです。給与口座から月々〇万円というように一定額を取り分ける習慣をつけて、まとめ払いものはこの口座から引き落とすだけです。生命保険や損害保険だけでなく､ＮＨＫの受信料や国民年金保険料、iDeCoの掛金納付、ガソリン代など、毎月固定の支出は、まとめて支払うと目に見えて家計にゆとりが生まれます。

5章

「火災保険」「地震保険」見直しのコツとポイント

火災保険・地震保険は年々進化していますが、一方で保険料も増加しています。古い保険で損をする理由や値上がりのタイミングなど、得するためのポイントを解説します。

75
Technique

火災保険・地震保険は補償の対象が重要

対象は「建物」と「家財」の2種類

もしも火災や自然災害などで家が被害を受けたら、貯蓄から修繕費を出すと大きな出費になりかねないため、現状復帰できるだけの保険はかけておきたいです。住まいの保険は２種類あり、地震・噴火・津波による被害（これらによる火災を含む）は地震保険、それ以外のリスクに対しては火災保険でカバーします。

生命保険の見直しではいくらの保険金額で入っているかが問題になりますが、家はもともと値段があるので、保険金額が問題になるケースは少ないです。それよりも、「必要な対象」に「必要な補償」が付いているかの確認が重要です。

火災保険、地震保険の補償対象は「建物」と「家財」の２つあります。たとえば、持ち家の人は住宅ローンを組む際、建物の火災保険に必須で入りますが、地震保険や家財の火災保険は任意加入です。特に地震保険の保険金は、火災保険の保険金額に対して30～50％の額でしか契約できません。**地震で家が全壊しても十分な金額を受け取れない上、保険料の負担は重たく、加入するか否かの意見は分かれます。**建て直し費用を保険で備えるなら、建物に加えて家財にも補償を付けるという考え方もありです。

火災保険・地震保険の目的と必要性

	建物	家財
賃貸暮らし	火災保険 ➡ 不要 地震保険 ➡ 不要 ※いずれも大家が契約	火災保険 ➡ 必要(必須加入) 地震保険 ➡ 原則不要※ ※高価な家具・家電がある場合は契約してもよい
持ち家	火災保険 ➡ 必要(必須加入) 地震保険 ➡ 付けた方が安心※ ※マンションの場合は管理組合の保険を確認	火災保険 ➡ 付けた方が安心※ 地震保険 ➡ 付けた方が安心※ ※修繕・建て直しの軍資金として契約してもよい

住まいのリスクと火災保険の補償内容

住まいのリスクに対する補償	事故例	新型火災保険のプラン例			住宅総合保険	住宅火災保険
		プランA	プランB	プランC		
火災	火災により建物や家財が焼失した	○	○	○	○	○
落雷	落雷により屋根に穴が開いたり、家電製品が壊れた	○	○	○	○	○
破裂・爆発	ガス漏れによる爆発で窓ガラスが壊れたり食器が割れた	○	○	○	○	○
風災・ひょう災・雪災	台風で屋根が壊れ、建物や家財が損害を受けた	○	○	○	○	○
水災	台風による洪水や土砂災害で床上浸水し損害が生じた	○	×	○	△	×
建物外部からの物体の落下・飛来・衝突など	自動車が飛び込んできて壁や家財が壊れた	○	○	×	○	×
漏水などによる水濡れ	給排水設備の故障で、室内や家財が水浸しになった	○	○	×	○	×
騒じょう・集団行動等に伴う暴力行為	近所で暴動があり、塀や家財が壊れた	○	○	×	○	×
盗難による盗取・損傷・汚損	泥棒に入られ、窓ガラスを壊され、家電が盗まれた	○	○	×	○	×
不測かつ突発的な事故	家具をぶつけてドアを壊してしまった	○	○	×	×	×
地震・噴火・津波	地震による火災で家が全焼した。津波によって家が流された	×	×	×	×	×

※プランの内容などは保険会社等によって異なる。
※「地震・噴火・津波」は火災保険では補償対象外。地震保険に契約すれば地震保険で補償される。

76
Technique

火災保険は最新の保険が最善

保険の自由化により質のよい保険が登場した

火災保険の質は、20年ほど前から明らかにグレードアップしています。それまでは全社で同じ内容の火災保険を扱っていましたが**1998年の保険の自由化（各種の規制を取り払い、柔軟性の高い保険商品が販売可能になったこと）に伴い、各保険会社オリジナルの新型火災保険が相次いで販売されたからです。**

しかし、持ち家の火災保険は住宅ローン契約に合わせて35年などの長期契約で入っています。つまり、火災保険の契約数全体で見ると、今も1998年以前の「住宅総合保険」や「住宅火災保険」に入っている人はかなり多いのです。

両保険の補償内容は121ページの通りです。たとえばゲリラ豪雨に不安を感じた人が自分の保険証券を確認すると「住宅火災保険」に入っていたという場合、水災の補償がないため、必要性が高ければ火災保険を入り直すことが大事です。

また、**「住宅総合保険」や「住宅火災保険」では、基本的に時価に基づいて保険金額を算出するため、被災時に修繕・建て直しに十分な保険金を受け取れない可能性があります。**火災保険は明らかに新しいものがベターです。

火災保険のトレンドの変遷

発売時期の目安	補償内容の変化	契約可能な保険期間
1961年〜	**従来の火災保険** ●**1961年〜住宅総合保険** 1966年〜地震保険 1968年〜長期総合保険、団地保険 1973年〜住宅火災保険 損害保険会社の全社で同じ名称、同一の補償内容 (長期総合保険は住宅総合保険の積立版、団地保険は住宅総合保険から水災補償をはずしたマンション向け保険) ●**保険金額の算出方法** 時価ベース。 保険金額を上限に、事故時点の時価額が保険金となる 再建築できるだけの保険金額を受け取るには、別途「価額協定保険特約」が必要	1年〜 最長36年
〜2000年	**現在の火災保険** ●**1998年　保険の自由化** ➡各社独自の新型火災保険が登場 補償内容や名称が各社で異なる 補償を手厚くしたプランや、補償の内容を契約者がカスタマイズできる保険も登場した ●**保険金額の算出方法** 再調達価額ベース。 再建築できるだけの保険金額が受け取れる	
2015年10月	●**改善点(各社によって異なる)** ・風災・ひょう災・雪災による補償が5000円程度の自己負担額で可能 ・破損・汚損の補償が加わる ・地震による倒壊、火災で最大50%補償を追加可能 ・水災による被害が100%まで補償が可能 (住宅総合保険では水災での全損時は最大70%)	1年〜 最長10年
2022年 (予想)		1年〜 最長5年

77
Technique

火災保険・地震保険の保険証券の見方

保障の対象と補償内容を確認する

火災保険と地震保険は別々の保険ですが、1枚の保険証券にまとまっています。地震保険は火災保険とセットで入るしくみだからです。一般的な家庭では火災保険の対象は「建物」と「家財」の2つのため、建物と家財で別の会社と契約してもOKです。

建物、家財に対して必要な補償がついているか確認するため、121ページの表と、右図❶の保険の対象欄を照らし合わせます。

続いて、❷欄を見ると補償内容が一目でわかるので、121ページの表で身近なリスクと照らし合わせて、必要な補償を確保できているか確認しましょう。たとえば、ハザードマップを見て土砂災害や洪水のリスクが大きいと判断した場合、「水災」欄に○がなければ早めに水災の補償を付ける必要があります。

なお、右図の保険は家庭総合保険という新型火災保険なので、再調達価額をベースとした「適切な保険金額」で設定されています。住宅火災保険や住宅総合保険といった1998年以前の保険に加入している場合は、**保険証券に「価額協定保険特約」が付いているかを確認しましょう。**記載がなければ、被災時に受け取る保険金が建て直し資金としては不足する可能性が高いです。

火災保険・地震保険証券の例

保険契約者について記載されている

保険会社の担当支社、担当代理店などの問合せ先が記載されている

家庭総合保険証券

ご契約者	当社連絡先
住所	営業店
氏名	取り扱い代理店
	事故受付ダイヤル

証券番号	1234567890	記名被保険者	
保険期間		記名被保険者	
地震保険期間			

保険の対象等		適用される割引・割増	
保険の対象	火災保険：建物 地震保険：建物	割引	建築年割引10%
所在地		割増	なし
構造級別		払込方法・保険料	
構造用法		払込方法	年払（口座振替） 初回保険料口座振替
建物形態		火災保険料	
面積		地震保険料	
評価額		合計保険料	
建物建築年月		保険料払込期日	
共同住宅戸室数		その他	
建物契約には基礎、門、塀、垣を含まない			

火災、地震保険の対象が建物か家財かを確認

身近なリスクが補償されるかを確認

補償内容	建物保険金額	家財保険金額	家財明記物件保険金額
保険金額	1000万円 （地震500万円）	–	–
火災・落雷・破裂・爆発	○	–	–
風災・雹災・雪災	○	–	–
水ぬれ・外部からの物体落下等、騒じょう	○	–	–
盗難	○	–	–
水災	×	–	–
破損、汚損等	○	–	–
地震、噴火、津波（地震保険）	○	–	–
その他の補償			
事故時諸費用特約	○	損害保険金額の20%（300万円を限度）	
災害緊急費用特約	○	損害保険金額の10%（100万円を限度）	
地震火災費用特約	○	損害保険金額の5%（300万円を限度）	

1 火災保険料の算出に必要な情報がまとめられている。建物の種類、適用できる割り増し引き、算出される保険料が記載されている

2 補償プランが表にまとめられている。補償の区分は保険会社によって異なる

証券番号が記載されている。
被保険者は家の持ち主のとなるのが一般的

78
Technique

2020年は中小損保や少額短期保険がねらい目

保険料の値上がり前に契約・更新する

損害保険会社の大手４社（東京海上日動火災、損保ジャパン、三井住友海上火災、あいおいニッセイ同和損保）を中心に、2019年度、2020年度と２年続いて火災保険の保険料値上げが実施されました。**現在の予定では2021年に各社が決めたタイミングで新規の契約、更新時の値上げが実施されそうです。**全社共通の地震保険も2019年１月に値上げされたばかりですが、相次ぐ大地震の発生によって保険金支払いが増えているため、2021年１月頃にもさらなる値上げが予定されているわけです。

値上げの対応策としては、**2020年中に長期契約を結べば現段階の保険料水準で来年の値上げの影響は受けない上に、長期係数でさらに割安になります**（128ページ参照）。今年が更新タイミングでない場合は、いったん解約して長期契約に新規加入するのが合理的です。

また、中小損保や共済、少額短期保険も2020年中がねらい目です。大手損保ほど頻繁に改定を行わず、**2020年度は2019年の自然災害の影響を反映しない保険料水準で契約できることが多いからです。**相見積もりを取っての判断がおすすめです。

火災保険の値上げのしくみ

保険料の値上げは、損害保険料率算出機構という機関が法律に基づいて参考純率（保険料のうち保険金に充てられる割合の目安）と基準料率（保険料の目安）を算出し、会員保険会社に提供することで行われる。

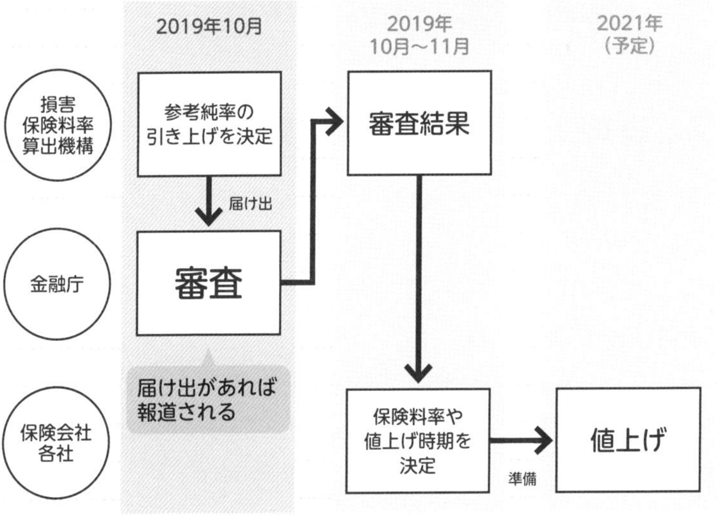

地震保険の値上げが予定される理由

2011年に発生した東日本大震災の際、約1兆2000億円もの地震保険金が支払われた影響で、3段階に分かれた地震保険料率の改定が決定した。第3回目の値上げは2021年1月に予定されている。

2017年	2019年	2021年（予定）
全国平均	全国平均	最大で
5.1%値上げ	3.8%値上げ	約15%値上げ

79 Technique

火災・地震保険も長期契約で得をする

まとめて払うことで保険料が安くなる

保険料は数年分まとめて支払うと割安になることは16ページで触れました。火災保険料や地震保険料も同様です。たとえば、地震保険料は下表にある通り、**5年契約にすると約4.6年分の保険料支払いで済みます。**

1年契約は、当然ながら1年分の支払いで済むので、支払い額を抑えられますが、更新期間が短いため、**近年の保険料値上げの影響を大きく受ける点がデメリットです。**

ちなみに、損害保険料率算出機構の調査によると、1年契約の次に5年契約が多いようです。5年契約は知ってる人は活用しているお得技なのです。

保険料は長期契約にすると割安に

地震保険の長期係数（2019年1月2日改定後）
長期係数とは、保険料を一括で払った際の割引係数のこと。

保険期間	2年	3年	4年	5年
長期係数	1.90	2.80	3.70	4.60
割引率	5.0%	約6.7%	7.5%	8.0%

※2年契約保険料＝1年契約の保険料×保険期間2年の長期係数

80 Technique

地震保険は途中からでも加入可能

火災保険と地震保険はセット

住宅を購入してローンを組む際、任意であることから地震保険に入っていない人もいます。しかし、昨今の震災への不安からやはり入りたいと思う人が増えています。基本的に地震保険は火災保険とセットで契約するので、**途中から入りたい場合は、加入している火災保険の保険会社に連絡してください。**

なお、地震保険の保険期間にはルールがあります。火災保険の保険期間が５年以下の場合、地震保険は１年（自動継続）または火災保険の保険期間と同一です。火災保険の保険期間が５年超の場合、１年（自動継続）または５年（自動継続）です。

地震保険金支払いランキング上位は最近の地震

地震保険金支払いランキング上位は最近の地震

発生年月日	地震名	ﾏｸﾞﾆﾁｭｰﾄﾞ	支払保険金
2011年3月11日	平成23年東北地方太平洋沖地震（東日本大震災）	9.0	1兆2800億円
2016年4月14日	平成28年熊本地震	7.3	3859億円
2018年6月18日	大阪府北部を震源とする地震	6.1	1072億円
1995年1月17日	平成7年兵庫県南部地震（阪神・淡路大震災）	7.3	783億円
2018年9月6日	平成30年北海道胆振東部地震	6.7	387億円

出典：日本損害保険協会「損害保険ファクトブック2019」

81 Technique

賃貸暮らしこそ火災保険は自分で選ぼう

マンション暮らしなら約3割節約が可能

賃貸住宅を借りる際、火災保険への加入が求められます。申込書に判を押さないとせっかく選んだ部屋を貸してくれないような勢いでせまられて、なんとなく入ったという人もいるのではないでしょうか。こういう人は、実は保険代理店を合わせて営む不動産業者にとって「鴨が葱をしょってくる」のと同じ状態です。いいなりで入ってくれるのでとてもおいしいのです。

はじめての賃貸暮らしならやむなしですが、2回目以降や2年ごとにくる更新のタイミングには「自分で入ります」とビシッと言ってみてはいかがでしょうか。自分で選んだほうがほぼ間違いなく安くなります。

なぜなら、賃貸住宅向けの火災保険は画一パターンが圧倒的に多いからです。基本は住宅総合保険（122ページ参照）のプランなので、マンションの中高層階なら、**自分で選べるネット契約の火災保険から水災の補償を外せば、約3割引きになります。**

2年契約で2～3万円の保険料となる通常のプランでも、ネット契約の火災保険に切り替えれば、**2年契約で1万円を切る場合もあります。**数千円浮くこと間違いなしです。

火災保険・地震保険

Q&A

82 Technique

Q リフォームしたら火災保険も見直すべき？

A はい。割引を受けられることがあります

火災保険の割引制度は個性的なものがいろいろあります。たとえば、所定のホームセキュリティシステムの導入で「ホームセキュリティ割引」、条件を満たした住宅用太陽光発電システムや燃料電池コージェネレーションシステム（エネファーム）の設置で「発電エコ住宅割引」、オール電化の導入で「オール電化割引」などです。

住まいの質を高めるリフォームをする際は、割引特約がある火災保険に見直して、保険料を浮かすのも手です。

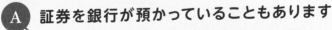

83 Technique

Q 保険証券が見つからないと見直しできない？

A 証券を銀行が預かっていることもあります

データは保険会社のホストコンピュータに残っているため、再発行を依頼すればOKです。

2005年頃までに住宅ローンを組んだ人は、融資元の銀行が保険証券を預かっている場合もあります。担保である家が自然災害などでなくなった際に備えて、融資額を保険金で回収するためです。保険証券が見つからなければ、銀行に尋ねてみるのも一手です。

84 Technique Q 一括払いした保険を解約すると損？

A 損ではありません

「35年一括で入った火災保険」「5年契約で入った地震保険」など保険料を一括払いした保険を解約する場合、未経過期間部分の保険料が戻ってきます。
未経過分の保険料の払い戻しは、契約期間が残り1カ月以上あれば可能です。
賃貸を引っ越す際も「2年契約の火災保険」を忘れずに解約すれば、解約返戻金をゲットできます。

---

85 Technique Q 保険が満期を迎えたらどうすればいい？

A 他社比較も視野に入れた絶好の見直しタイミングです

満期が近づくと、保険会社から更新保険料やおすすめプランの提案が送られてきます。
実はこのタイミングは保険見直しの絶好のチャンスです。同じ保険会社でそのまま更新するだけでなく、複数社を比較してよりフィットするものが見つかるかもしれません。火災保険は日々進化しています。

---

86 Technique Q 地震被害でも保険金だけで家を建て直す方法はある？

A 「地震上乗せ特約」を付けると可能です

自宅に2000万円の火災保険を付けると、地震保険の保険金額は最大で1000万円です（120ページ参照）。建て直しできるだけの金額にしたいなら「地震上乗せ特約」を付けられる火災保険に入り直しましょう。限度額（火災保険の保険金額の50%）で地震保険を付けることを要件にしている特約で、この例なら合計で2000万円受け取れます。現在6社で取り扱いがあります。

6章

メリット・デメリットを知ってお得に選ぶ「話題の保険」

気付けば見たことのない保険が続々と登場している……。そんな状態では、お得な保険を見逃しているかもしれません。自転車保険や認知症保険など、話題の保険を解説します。

87 Technique

無保険では絶対に海外旅行へは行かない

ほかの保険でもカバーできるか十分検討する

旅行シーズンのたびに「入らないとだめ？」と悩むのが海外旅行保険ですね。結論からいうと、海外旅行保険に入らないまま出発してはいけません。**海外では、事件や事故に巻き込まれたり、日本と違う環境でのストレスや疲労で思いがけない病気にかかる人が多いため、外務省も海外旅行保険には必ず入るように勧めています。**旅立つ直前まで無保険の状態であれば、迷わず空港にある販売機やネットで海外保険に加入するようにしましょう。

海外旅行保険の保険料がもったいないと思ったら、**既存のほかの保険でもカバー可能です。**たとえば、勤め先の社会保険（健康保険）や自治体の国民健康保険、自分で入っている医療保険、クレジットカード付帯の海外旅行保険などでは、海外でかかった医療費を補てんできることがあります。

ただし、出発前の期間に日本での準備が必要、請求に手間がかかる、治療費の全額を回収するのが難しい、などの留意点がたくさんあります。概要は右図の通りですが、手間の割には手にできるお金が少ない可能性も高いです。今後の海外旅行保険は、時間があるときにじっくりと検討することが鉄則です。

海外旅行で使える保険

健康保険・国民健康保険

請求時期 帰国後、加入先に海外医療費を請求する

必要書類 ・診療内容明細書および領収証明書（いずれも医師の証明を受けたもの）
・翻訳文には、翻訳者の住所・氏名・捺印が必要

準　備 渡航前に健康保険組合等から書式を入手して概要を確認する

給付額 日本国内での保険点数の付け方に基づく

医療保険・入院保険

請求時期 帰国後、加入先に請求する

必要書類 診療内容明細書および領収証明書（いずれも医師の証明を受けたもの）

準　備 渡航前に保険会社から書式を入手し概要を確認する

給付額 契約通り

クレジットカード付帯保険

準　備 海外にカードを持っていくだけで保険が発動するのか、海外旅行代金の支払いで利用した場合のみ発動するのかを確認する、など

給付額 クレジットカード会社やカードのグレードによる

無保険は危険です！
必ずどれかを
利用しましょう

ワンポイント　個別契約での補償内容

カード付帯ではなく個別で海外旅行保険に加入した場合、プランによって手厚い補償を受けられます。
たとえば、航空機の欠航に際して出したホテル代や食事代の補償、日本語の相談窓口の利用などを受けられます。また治療費に関しては、旅行中に持病が悪化した際の治療費、妊娠初期の異常を原因とした治療費なども対象になるプランもあります。
クレジットカード付帯の保険では補償対象外の治療も、個別契約の保険では対応できます。

88
Technique

カード付帯の海外旅行保険の一覧表をつくる

クレジットカードごとの補償を精査する

海外旅行時の保険を、クレジットカード付帯の海外旅行保険で何とかしたいと思う人もいるでしょう。その場合は、所有するクレジットカードにそれぞれ付帯する保険を一覧表にまとめることをおすすめします。この一覧表をうまく活用すれば、海外旅行保険に入らなくても、十分に補償をカバーできるかもしれません。

ただし、カード付帯の海外旅行保険はあくまでサービスの１つで、右表のＢカードのように補償内容が不十分なことがあります。**「傷害治療費用」と「疾病治療費用」は100万円以上付いているものを複数ピックアップしておいてください。**１枚で300万円以上あればいうことなしです。

また、カード付帯保険は“発動要件”を必ずチェックしてください。そもそも海外旅行保険がついていないカードや、**自動付帯タイプ（そのカードを持って行くだけで海外旅行保険が適用になる）、利用付帯タイプ（そのカードで旅行代金を支払わないと海外旅行保険が発動しない）が混在しています。**一番多いのは利用付帯タイプなので、そのカードで旅行代金を支払って、海外旅行保険を有効にする習慣づくりも大切です。

クレジットカード付帯の海外旅行保険の例

補償内容	Aカード	Bカード
傷害死亡・後遺障害	1000万円	1000万円
傷害治療費用	50万円	0万円
疾病治療費用	50万円	0万円
賠償責任	2000万円	0万円
携行品損害	1旅行につき15万円限度／年間累計額100万円限度	なし
救援者費用	100万円	100万円

発動要件を確認する

利用付帯　そのカードで旅行代金を支払うと海外旅行保険が発動する
自動付帯　そのカードを持っていくだけで海外旅行保険が適用になる

89
Technique

老後の海外旅行のために退職前にカードをつくる

定年後はクレジットカード付帯の保険を使う

海外で高額な医療費が発生するリスクは、**65歳以上が半分超を占めるため、海外旅行保険の保険料は高齢になるほど高額です**。たとえば10代〜49歳までの保険料が約2000円とすると、同じプランを契約する50代は約3000円、60代は約4000円、70代では約8000円、80歳以上となると約２万2000円にアップします（北米に７日間滞在、治療費用5000万円のプランの例）。

老後の趣味が旅行であれば、**海外旅行保険付きのクレジットカードの中でも補償が充実したものを持つと断然有利です**。ゴールドカードを利用したい場合、審査が通りやすい退職前での作成がおすすめです。年会費がかかるクレジットカードを選ぶなら、補償額をよく確認した上で、毎回海外旅行保険に加入するパターンと比べても損をしないか計算しましょう。

なお、カード付帯保険も含め、海外旅行保険は複数を合算して補償できることもあります（右図参照）。それでも治療費用の補償額が不足しそうなら、インターネットで契約する「クレカ上乗せプラン」を調べてみてください。1000円ほどのお手頃価格で入れる合理的なプランも増えています。

海外旅行保険の補償額の合算ルール

☑海外旅行保険付きのクレジットカードを複数持っている場合

傷害死亡・後遺障害　一番高い金額が支払限度額になる
その他　合算される

☑海外旅行保険付きのクレジットカードと個別契約の海外旅行保険がある場合

傷害死亡・後遺障害　両方から支払われる
その他　両方を合わせて実際の費用や損害額が支払い限度となる

契約した補償内容・保険金額等によっては、いずれか一方の契約からは保険金が支払われない場合がある

一番高い金額が支払い限度額になる

補償内容	Aカード	Bカード	Cカード	支払限度額
傷害死亡・後遺障害	5000万円	1000万円	5000万円	5000万円
傷害治療費用	200万円	0万円	300万円	500万円
疾病治療費用	200万円	0万円	300万円	500万円
賠償責任	3000万円	0万円	1億円	1億3000万円
携行品損害	50万円	0万円	50万円	100万円
救援者費用	300万円	0万円	400万円	700万円

合算した金額が支払い限度額になる

90
Technique

義務化が進む自転車保険 正体を知って節約する

自転車による事故で約9500万円の損害賠償

都道府県や政令指定都市を中心に加入の義務化が法制化している自転車保険。罰則規定はありませんが、2020年４月から東京都でも自転車保険加入が義務化となりました。

自転車保険の加入義務化のきっかけとなったのは、2013年７月に起きた、自転車に乗った小学生と女性の衝突事故です。**小学生の保護者に9521万円もの損害賠償が命じられた**ことで、自転車による交通事故でも、「事故相手への賠償」が注目されました。右図にあるように、自転車でも高額な賠償事故が多発し、金額を払いきれずに自己破産する例も少なくないため、自治体が義務化に乗り出したのです。

保険見直し時の提案も増えている自転車保険は、「傷害保険」に「個人賠償責任特約」を付けたプランの総称であり、義務化で求められるのは「事故相手への賠償」についてです。これは火災保険や自動車保険にも付けられる特約なので、**付帯済であることを示すことができれば、自転車保険にあらためて入る必要はありません**。たとえば、賃貸暮らしの人は、賃貸契約時に加入した火災保険に事故への補償が付帯済です。

自転車での加害事故例

賠償額	事故の概要
9521万円	小学校5年生の児童が、坂道を散歩中の女性に衝突。女性は頭の骨を折り意識の戻らない状態となった。自転車の安全な走行に対する児童への十分な指導をしていなかった責任があるとして、母親に高額賠償判決を下した。
9266万円	男子高校生が昼間、自転車横断帯の手前の歩道から車道を斜めに横断、対向車線を自転車で直進してきた男性と衝突。男性に重大な障害（言語機能の喪失）が残った。
6779万円	男性が夕方、ペットボトルを片手に下り坂をスピードを落とさず走行し交差点に進入、横断歩道を横断中の女性と衝突。女性は脳挫傷等で3日後に死亡した。
5438万円	男性が昼間、信号表示を無視して高速度で交差点に進入、横断歩道を横断中の女性と衝突。女性は頭蓋内損傷等で11日後に死亡した。

自転車保険の正体は「傷害保険」と「個人賠償責任保険」

		事故相手への補償		自分への補償	
		身体	財物	身体	財物
自転車保険	傷害保険	−	−	○	−
	個人賠償責任特約	○	○	−	−

「個人賠償責任特約」か「個人賠償責任保険」に入っていることを示せればOK

91 Technique

個人賠償責任特約の合算ルールを知ろう

補償額は重複して支払われない

既契約の火災保険や自動車保険などを確認すると、意外と個人賠償責任特約が重複しており、むだな保険料を負担していることが多いです。さらに、個人賠償責任特約は加入者だけでなく、加入者の家族も補償の対象であることが一般的です。

なお、複数の個人賠償責任特約に入っていて補償が重複している場合は、**すべての契約の合計額が補償限度額になります**。それぞれの契約から損害額に対して重複して支払われません。たとえば、補償額500万円が上限の特約に３つ加入していた人が1200万の賠償請求された場合、受け取れる金額は500万円×３社分＝1500万円ではなく、1200万円までです。そのため、契約の中の１つの補償額が「無制限」の場合は、他の個人賠償特約は不要ということです。

どの個人賠償責任特約を残すか迷ったら、「示談交渉サービス」付きがおすすめです。過失で迷惑をかけた相手に謝罪した上、損害賠償の示談交渉の手続きを自分で進めるのは、精神的な負担がとても重たいです。保険会社にまかせられるサービスが無料でついていることは、とても心強くお値打ちです。

個人賠償責任特約の重複の確認

- □ TSマーク付帯保険に入っている（赤色：補償額5000万円、青色：補償額1000万円限度）
- □ 共済契約に特約で付けている
- □ 火災保険に特約で付けている
- □ 自動車保険に特約で付けている
- □ クレジットカード付帯保険で付いている
- □ 学校から案内された子ども用の保険に入っている（プランに特約が付いている）

個人賠償責任特約の家族への補償

個人賠償責任特約は、家庭で1人が入れば（記名被保険者）、次の❶～❹にあたる人をまとめて補償するしくみになっている。

❶ 記名被保険者本人
❷ ❶の配偶者
❸ ❶または❷の同居の親族
❹ ❶または❷の別居の未婚の子（①および②のいずれとも別居している人）

	契約者（記名被保険者）	本人	本人の配偶者	本人の父（同居）	本人の子（同居・未婚）	本人の子（別居・未婚）
プラン1	本人	○	○	○	○	○
プラン2	本人の父（同居）	○	○	○	○	×

92
Technique

健康増進型保険で健康な体を目指す

各社独自の基準で報酬を得られる

最近よく目にする「健康増進型保険」とは、**健康状態がよければ各社の基準に応じた報酬を受けられる**という保険です。政府の「健康寿命の延伸」という指針に合せて導入されました。健康増進型保険に加入することによって、健康への意識が高まったり、取り組みをあと押しする効果があるのですが、商品設計は各社ばらばらであり、比較するのは難しいです。

たとえば、ある保険会社の場合、１年後の健康診断情報の数値が改善すればフィットネスクラブやスポーツ用品などを割安に利用・購入できます。また、別の保険会社では、歩数アプリで一定の歩数を達成するとポイントが貯まり、コンビニなどで使える、といった具合です。

健康づくりに前向きに考えていて、その保険から得られる報酬が自分のライフスタイルや価値観に合うのであればお得かもしれません。

ただし、保険見直し時に保険会社から提案されても、自分の価値観と合わないなら、割高でないかを確認しましょう。楽しみながら健康づくりに取り組めて、納得の保険料であればＯＫです。

さまざまなバリエーションの健康増進型保険

A社

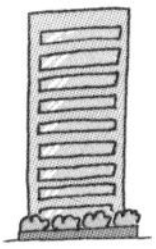

ウエアラブル端末と専用アプリを接続し、2年間で平均8000歩／日以上を達成できているかをチェック。2年ごとに健康増進還付金を受け取れる

B社

契約時に健康増進の特約（864円）を付けると、保険料が15%割引になる。1年ごとに日々の活動結果に応じて4段階のステータスに割り振り、最大30%保険料が割り引かれる

C社

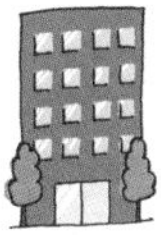

専用アプリを通じて健康診断書を毎年提出。
健康年齢が実年齢未満なら、毎年、健康還付金を受け取れる

D社

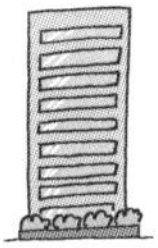

契約時に健康診断書を提出。
契約時の健康状態によって約1～2割、保険料の割引が受けられる

E社

所定の期間内に喫煙状況または健康状態などが改善されたら、契約日にさかのぼって保険料差額相当額が還付される

93 Technique

就業不能保険と所得補償保険を比較する

待機期間と保障(補償)期間に違いがある

病気やケガで働けなくなったとき、給料のように定期的にお金を受け取れる保険が、自営業者、住宅ローンを組んだ人、そしてシングル(特に女性)に人気で保険見直し時によく話題になります。このタイプの保険には、生命保険会社が扱う「就業不能保険」と、損害保険会社が扱う「所得補償保険」の2つあります。

就業不能状態になってから保障(補償)対象となるまで、一定の待機期間が定められています。**就業不能保険の待機期間は60日が主流ですが、所得補償保険の待機期間は7日と短い**ため、後者は自営業者に人気です。

保障(補償)期間は、所得補償保険では1～2年が主流である一方で、就業不能保険は60歳、65歳までと長いため、住宅ローンを組む人やシングルは就業不能保険をよく選択します。

60歳以降も働くつもりの人が収入の保障を付ける場合は、定期保険や収入保障保険に特約として付けるのも1つの方法です。就業不能保険単体であれば保障(補償)期間は60歳や65歳までですが、特約にすれば主契約と同じ保障期間になるので、70歳や80歳までのカバーも可能になります。

就業不能保険の特徴

取り扱い	生命保険会社
待機期間	60日間が主流
保障(補償)期間	60歳、65歳までが主流
対象	住宅ローンを組む人、シングルの人など、長期に渡る保障(補償)が必要な人

団信では働けなくなったときのリスクはカバーできないので、加入できて安心ですね

所得補償保険の特徴

取り扱い	損害保険会社
待機期間	7日間など短期間のプランが主流
保障(補償)期間	1～2年が主流
対象	自営業者など、いざというときすぐに保障(補償)が必要な人

自営業を始めたばかりで貯蓄がないので、所得補償保険に加入しました

貯蓄が少ない場合は待機期間の短さが大事ですね

94
Technique

共済は掛金が一律というメリットがある

保険と共済は管轄が違うためしくみも違う

共済と保険は、もしものときにお金を受け取れるしくみですが、大きく異なるのは監督省庁です。不特定多数に対し保険の募集を行う生命保険会社・損害保険会社は金融庁の管轄下、組合員の相互扶助を目的とする共済は、団体によって厚生労働省や農林水産省の管轄下で保障（補償）事業を展開しています。

金融庁では生命保険分野と損害保険分野を分けていますが、**共済では両分野の保障（補償）商品を扱っています。**たとえば、生命共済と自動車共済や火災共済を同じ共済団体で契約することができます。また、厚生労働省管轄の共済では遺族保障と入院保障などをセットにした掛金一律型（30代でも50代でも同じ保険料など）のプランを扱っているところが多く、**急に家計が苦しくなっても最低限の保障（補償）はなんとか確保したいという希望に、割安な保険料で応えてくれるプランがあります。**さらに、1年間の決算で剰余金が出れば割戻金を受け取れます。

一方で、保険会社が扱う保険は一般的に保障期間が長く設計されている点や、万が一保険会社が破綻しても、契約者保護機構が整備されている点に安心感があります。

共済の特徴

管轄	厚生労働省や農林水産省（団体によって異なる）
商品区分	保険でいう生命保険、損害保険が同じ区分
掛金	掛金が一律のプランが多い
破綻時のリスク	契約は消滅（各団体で一定のセーフティネットがある）

掛金も安いし、共済の種類も細かくなくてわかりやすかったです
共済は相互扶助を目的としていて、加入のハードルが低いですね

保険の特徴

管轄	金融庁
商品区分	生命保険と損害保険が分かれる
保険料	年齢ごとに上がる（保険の種類やプランによる）
破綻時のリスク	契約者保護機構による救済措置がある

保障（補償）を自由に選びたかったから保険に加入しました
保険は、共済に比べて細かいニーズに対応していますね

95
Technique

少額短期保険は個性的な保険が多い

手軽な保険だが控除は受けられない

少額短期保険（ミニ保険）は、もともと無認可共済と呼ばれる組織が取り扱っていました。しかし、オレンジ共済事件などトラブルが多発したため、2006年から金融庁の管轄に入りました。

保険会社を設立する場合は資本金10億円以上が要件となりますが、少額短期保険のみを取り扱う場合は、資本金1000万円以上で設立できます。そのため他業種からの参入なども相次ぎ、2020年現在、100社以上が少額短期保険を取り扱ってます。

少額短期保険は、その名の通り少額でかつ短期間の掛け捨て保険に用途が限られています。その特徴を生かし、**遭難救助の保険、キャンセル費用の保険、痴漢冤罪やいじめなどでの弁護士費用の保険、地震補償の保険、お葬式保険、孤独死保険など、かゆい所に手が届く個性的な商品が多く見られます**。割安な保険料で目的がはっきりした用途で利用できるので、保険料を抑えたいときや一時的に補償をつけたいときに利用するとよいでしょう。

ただし、保険料控除は受けることができません。また、生命保険会社や損害保険会社にあるような保険会社破綻時の契約者保護の制度がないことは知っておきましょう。

96
Technique

介護保険をより手軽にしたのが認知症保険

保険金受け取りの要件が緩やか

2016年から「認知症保険」が相次いで発売されるようになりました。しかし、よく考えてみると「介護保険」という名前の保険も以前から販売されています。両者はどう違うのでしょうか。

民間の介護保険は、寝たきりと認知症の２つをカバーする保険なので、寝たきりの保障の分だけ認知症保険よりも保障範囲がワイドです。しかし、保険金が支払われるための“要介護度”の要件は、介護保険のほうがやや厳しく、公的介護保険での要介護２～３程度が主流です。一方で、**認知症保険は要介護１～２程度もしくは前段階のＭＣＩ（軽度認知障害）と診断されれば保険金が受け取れることもあります。**

認知症保険は、軽度でも保険金を受け取りやすいものの、子どもがいない状態での加入は難しいです。老々介護をする夫婦が2人とも認知症という事例も多い現状を踏まえて、**受取人には加入者の配偶者に加え、子どもが求められるためです。**

保険見直し時に老後が心配で介護や認知症、医療といった保険を検討する際には、かけた保険料を無駄にしないように、自分で請求できない場合の受取人について十分に吟味しましょう。

97 Technique

Wi-Fiルーターの補償は海外旅行保険で十分

レンタル品も海外旅行保険の補償対象

今や、海外旅行には、スマホと海外用Wi-Fiルーターが必需品ですね。しかし、Wi-Fiルーターのレンタル時に提案される補償プランの費用には負担を感じてしまいます。

海外旅行での盗難・紛失等のトラブルは頻発しており、もしも、Wi-Fiルーターが盗難・紛失・破損の被害にあった場合、弁償代金は２～３万円と高額になります。このことを考えると、つい不安になって補償プランに入る人は少なくありません。

しかし、**実は多くの海外旅行保険（クレカ付帯保険を含む）に同様の補償が含まれています。**海外旅行保険の賠償責任特約の約款の中に、「被保険者が、海外旅行中に偶然な事故により、他人の身体の傷害または他人の財物の損壊（紛失および盗難を含む）について法律上の損害賠償責任を負担することによって損害を被った場合」をカバーするという記載、加えて「他人の財物にはレンタル業者より保険契約者または被保険者が直接借り入れた旅行用品が含まれる」といった記載があればＯＫです。レンタル会社から弁償請求があった場合にはこの特約から支払われるので、補償プラン代を浮かすことができます。

98
Technique

学資保険の加入は短期払いがお得

生命保険としくみが似ていることを利用する

子どもの教育資金作りで欠かせないのが「学資保険」です。以前に比べると貯蓄性は下がってしまったものの、大切な教育資金を確実に準備できるので、未だに人気は衰えません。

第２子が授かったタイミングなどでは、学資保険では保険料の負担が心配になり、運用で教育費を増やすか悩みます。しかし、実は学資保険には貯蓄性を高める入り方があるのです。

共働きで家計に余裕があるなら、まずは５年払い、10年払い、12年払いなどの短期払いを利用しましょう。**短期払いでは、教育費の負担が重たくなる前に保険料を払い終えられる上、支払いが短期的になるほど返戻率（払った保険料に対して受け取れる学資金の割合）がアップするというメリットがあります。**

また、契約者である親が亡くなったときにも契約した学資金が受け取れるしくみのため、生命保険と同様に、**同じ保険金額でも男性よりも女性の方が保険料は割安です。**ということは、共働きで妻が年下の家庭では、妻が契約者になったほうが、より少ない保険料で高い返戻率を得られます。ただし、収入のない専業主婦(主夫）は契約者になれない点に留意しましょう。

99 Technique

老後の資金不足にはトンチン年金も一策

長生きするほどお得なしくみ

「老後2000万円問題」が騒がれたことで特に関心が高まっているのが「トンチン年金保険」で、保険見直しの相談時にその保険内容をよく質問されます。生きている限りずっと年金を受け取れる終身年金の一種で、しくみを考えたイタリア人の名前に由来しています。

一般的に、終身年金の保険料は、確定年金（10年や15年など、受取期間が決まっているしくみの年金）よりも保険料負担が重たくなっています。しかし、**年金受取開始前に死亡した人への死亡保険金などを抑えて、その分を長生きした人への年金に回すしくみにすることで保険料を抑えたのがトンチン年金です。**簡単にいえば、早く亡くなった人は不利になり、長生きする人ほど有利になります。つまり、国の年金と同じしくみということですね。

保険はあくまで貯蓄などで対応できない事態に備える、という視点で活用するのが合理的です。平均寿命までの老後資金は運用などで備えておき、もしもそれ以上長生きした際に不足するお金を補てんする目的で、トンチン年金を活用するのも一策です。退職金などで一括払いすると、より割安に入れます。

100 Technique

もっとも見直しが難しい外貨建て保険と変額保険

好きなタイミングで解約しづらい

見直したくても、一度加入したら放置するしかない保険があります。その代表が、「外貨建て保険」と「変額保険」です。

これらの保険では、**加入から7～10年ほどで解約すると、ペナルティとして解約返戻金から解約控除金が差し引かれてしまいます。**支払った保険料よりも、解約返戻金のほうが少なくなり確実に損します。解決策は、株式でいう"損切り"のように、損を覚悟でやめ、高い勉強代だったと割り切るか、そのまま続けてできるだけ傷口が浅くて済む方法を模索するかの二択です。

すでに契約済の人は、満期時の"出口戦略"をしっかり練ることが大切です。外貨建て保険の場合、満期時に円高で損しそうなら、外貨を円に戻さず、海外旅行などで外貨のまま使うことも検討しましょう。変額保険は、解約控除がかからないタイミングになれば、満期まで待たずに運用成果がよいタイミングでの解約が得策です。

最善策は、安易に高額な保険金額で契約しないことに尽きます。運用に興味があるなら、まずは外貨預金や株式投資、債券投資を直接自分でするのがおすすめです。

ライフプラン別「保険の必要度」一覧

	シングル	結婚 （専業主婦（主夫）家庭）	結婚 （共働き家庭）
生命保険	★☆☆ 仕送りをしている人や奨学金を借りている人でなければ基本的に必要なし	★★☆ 世帯主の生命保険の優先順位は高い。収入合算で住宅ローンを組むなら主婦（主夫）も必要	★★☆ 夫婦ともに、1人でも自身で食べていけるほどの収入があれば、生命保険の必要性は低め。住宅ローンを組んだ場合は見直す
医療保険・がん保険	★☆☆ 高齢になった時の医療費が心配なら、終身医療保険で備えるのも手	★☆☆ 妻の医療保険は、妊娠してからの申し込みでは保障の削減もある。いつかは入るつもりなら、早めに契約する	★☆☆ 妻の医療保険は、妊娠してからの申し込みでは保障の削減もある。いつかは入るつもりなら、早めに契約する
就業不能保険・所得補償保険	★☆☆ 会社員であれば有給休暇があったり傷病手当金があるため、優先順位は低め。不安があるなら割安なプランで検討	★☆☆ 世帯主の就業不能保障はあると安心。住宅ローンを組む場合は優先順位が上がる	★★☆ 住宅ローンを組む場合は、単品、特約、就業不能保障付団信など何らかの形で入っておくと安心
火災保険	★★★ 賃貸物件を借りる場合は、"家財"の火災保険への加入を大家から半強制的に求められる	★★★ 賃貸を借りる場合は、"家財"の火災保険、持ち家なら"建物"の火災保険の加入が求められる	★★★ 賃貸を借りる場合は、"家財"の火災保険、持ち家なら"建物"の火災保険の加入が求められる
地震保険	★☆☆ 賃貸の場合は、基本的に必要なし	★☆☆ 賃貸の場合は、基本的に必要なし。持ち家の場合はマンションか戸建てかでも変わるが、付けておいた方が安心	★☆☆ 賃貸の場合は、基本的に必要なし。持ち家の場合はマンションか戸建てかでも変わるが、付けておいた方が安心

★★★ 優先順位は高め　★★☆ 優先順位は比較的高め　★☆☆ 優先順位は低め

子どもの誕生	家の購入	子どもの独立	退職
★★★ 夫婦ともに家計を担っているなら、夫婦ともに生命保険が必要に。学資保険にも入るなら、その分、生命保険は少なくてＯＫ	★★★ 住宅ローンを組んだ人は、既契約の保険金額を減額してＯＫ。収入合算で住宅ローンを組む場合、主婦(主夫)も生命保険が必要	★☆☆ それまで入っていた高額な生命保険は減額してＯＫ	★☆☆ 子どもが既に独立していれば原則不要。子どもの教育費がかかるならその分は確保できる額で入っておきたい
★★☆ 妻の入院時にベビーシッターや保育園の送り迎えなどの家事手伝いが必要なら妻は入っておくのも手	★★☆ 疾病保障付き団信を利用するなら、そちらのほうが保障がパワフルなため、自分で入る医療保険・がん保険の優先順位は低め	★☆☆ 高齢になった時の医療費が心配なら、終身医療保険で備えるのも手	★☆☆ 退職後の医療費が心配なら、終身医療保険で備えるのも手
★★☆ 1人の収入だけでも家計が回るなら必要性は低いが、住宅ローンを組んでいる場合は入ると安心	★★★ 就業不能保障付団信や疾病保障付団信を利用しないなら、入っておくと安心	★☆☆ 会社員であれば有給休暇があったり傷病手当金があるため、優先順位は低め	★☆☆ 住宅ローン返済が残っていたり、リフォームローンや教育ローンの返済が退職後も続くなら入っておくと安心
★★★ 賃貸を借りるなら"家財"の火災保険、持ち家なら"建物"の火災保険の加入が求められる	★★★ 住宅ローンを組む際に"建物"の火災保険の加入が求められる。賃貸の"家財"の火災保険を解約すれば返戻金があることも	★★★ 賃貸暮らしなら"家財"の火災保険、持ち家なら"建物"の火災保険の加入が求められる	★★★ 持ち家で退職時に住宅ローンを完済し火災保険契約も終わるなら、新たな火災保険の検討要
★☆☆ 賃貸の場合は、基本的に必要なし。持ち家の場合はマンション・戸建てかでも変わるが付けておいた方が安心	★★☆ 戸建ての場合は入っておく優先順位は高め。マンションの場合は、管理組合での加入状況を確認の上、判断	★☆☆ 賃貸の場合は、基本的に必要なし。持ち家の場合はマンション・戸建てかでも変わるが付けておいた方が安心	★★☆ 家も老朽化し被害を受けやすくなっている可能性があるため、貯蓄が少ないなら地震保険で備えておくと安心

索引

数字

1日自動車保険……116
180日ルール……94

あ・か行

医療保険……70, 156
延長(定期)保険……52
お宝保険……24, 94
外貨建て保険……155
解約返戻金……24, 36
学資保険……153
火災保険……120, 122, 156
共済……126, 148
健康増進型保険……144
高額療養費制度……72, 82
公的保障……34, 97
個人賠償責任特約……140, 142

さ行

三大疾病……86
地震保険……120, 129, 156
疾病保障付団信……95
自転車保険……140
就業不能保険……146, 156
終身保険……36
自由診療……92
収入保障保険……36, 44, 58
純保険料……106
少額短期保険……65, 150
所得補償保険……146, 156
人身傷害補償保険……102
生命保険……32, 156
先進医療特約……88

た・な行

対人賠償保険……102
対物賠償保険……102
ダイレクト型自動車保険……18, 106
団体信用生命保険……60, 61
長期係数……128
低解約返戻金型終身保険……36, 46
定期保険特約付終身保険……38,54
定期保険……36, 42, 56
テレマティクス保険……115
トンチン年金……154
入院時一時金特約……90
認知症保険……151

は行

払込猶予期間……22
払済保険……52
必要保障額……32, 34
ファイナンシャルプランナー……20
付加保険料……106
変額保険……155
保険期間……48, 80
保険の自由化……122
保険料……14
保障内容……80

ま・や・ら行

満期保険金……40
養老保険……40, 64
予定利率……24, 36
ライフプラン……30, 156
ロードサービス……114

■著者プロフィール

竹下さくら（たけした・さくら）

なごみＦＰ事務所　代表

慶應義塾大学にて保険学を専攻。損害保険会社の営業推進部・業務部、子会社の生命保険会社の引受診査部門を経験後、ファイナンシャル・プランナー（FP）として独立、現在に至る。
ライフプランに基づく個人のコンサルティングを主軸に、講演・執筆を行う。「『保険に入ろうかな』と思ったときにまず読む本」（日本経済新聞出版社）、「世界一シンプルな保険選び」（日本文芸社）など著書多数。

■問い合わせについて

本書の内容に関するご質問は、下記の宛先までFAXまたは書面にてお送りください。なお電話によるご質問、および本書に記載されている内容以外の事柄に関するご質問にはお答えできかねます。あらかじめご了承ください。

〒162-0846
東京都新宿区市谷左内町21-13
株式会社技術評論社　書籍編集部
「1時間でわかる　やれば得する!　保険の見直し 100の鉄則」質問係
FAX：03-3513-6167
URL：https://book.gihyo.jp/116

※ご質問の際に記載いただいた個人情報は、ご質問の返答以外の目的には使用いたしません。また、ご質問の返答後は速やかに破棄させていただきます。

スピードマスター

1時間でわかる　やれば得する!　保険の見直し 100の鉄則

2020年 8月 1日　初版　第1刷発行
2021年 3月19日　初版　第2刷発行

著者　竹下さくら
発行者　片岡 巌
発行所　株式会社　技術評論社
東京都新宿区市谷左内町21-13
電話　03-3513-6150　販売促進部
03-3513-6160　書籍編集部
編集　春原正彦
装丁デザイン　坂本真一郎（クオルデザイン）
製本／印刷　株式会社 加藤文明社
編集協力　出口夢々（株式会社ループスプロダクション）
本文デザイン／DTP　竹崎真弓（株式会社ループスプロダクション）
本文イラスト　小倉靖弘

ISBN978-4-297-11426-8　C0036

Printed in Japan